聴導犬のなみだ

耳が聞こえない人の

お手伝いをする聴導犬

保護センターから
譲り受けてきます

聴導犬に
向いている犬は……

“人懐《ひとなつ》っこい性格”

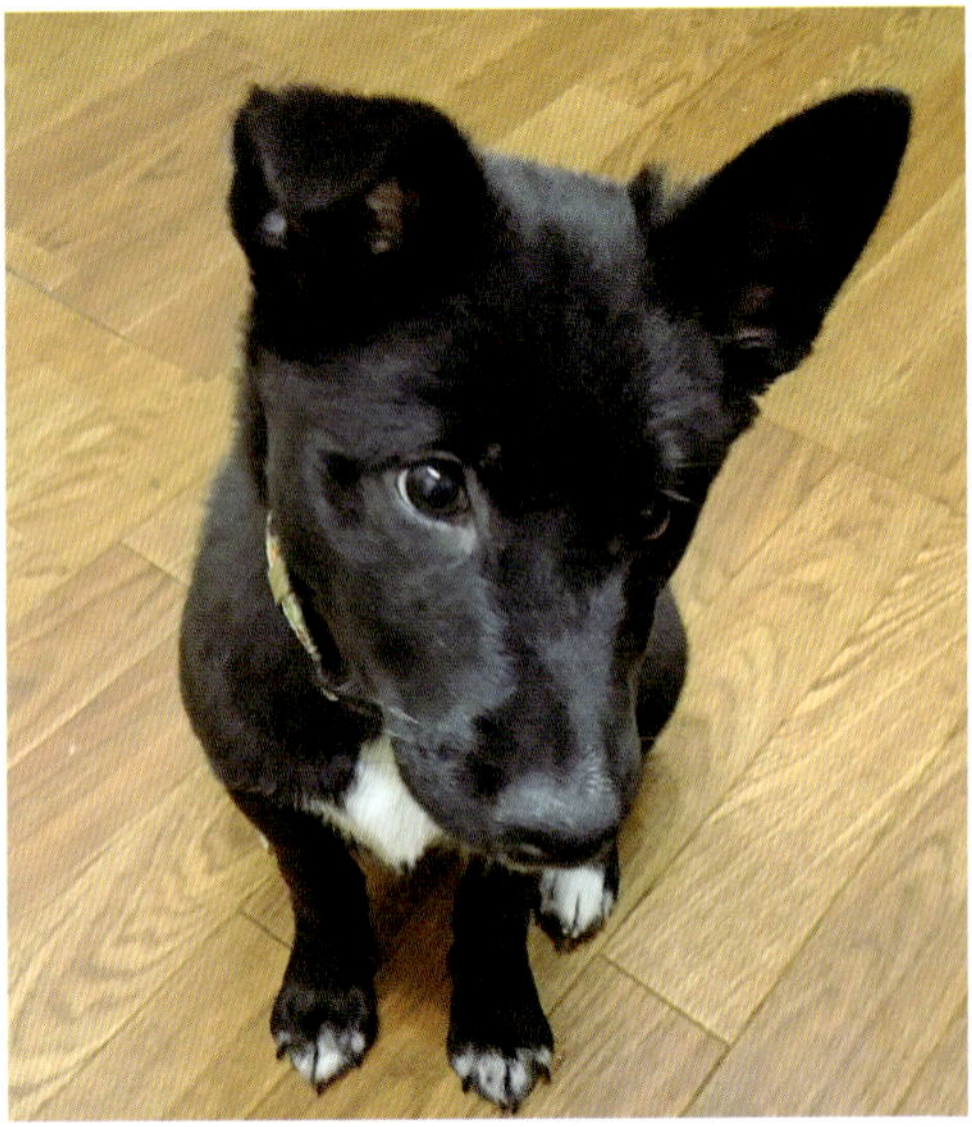

〝人と常に
一緒にいたがる犬〟

〝物《もの》怖《お》じしない性格〟

犬と訓練士とユーザー。
良きパートナーのお話です。

聴《ちょう》導《どう》犬《けん》のなみだ

はじめに

自宅マンションを出て、大通りから一本奥に入った小さな道路を歩いているときだった。何げなく後ろを振り返るとすぐ真後ろに車がいた。

――うわっ、危ない。

驚いて道路の端へ避《よ》けると、車は私の横をまるで忍者のように音を立てることもなく、するすると走り去っていった。たまに見かけるハイブリッドカーで、エンジン音がほとんどしないため接触するほど近づいていたことに気づかなかったのだ。

音がしない車はこんなとき怖いな。

そう思いながら、私はふと思った。

――耳が聞こえない人は日々、こんな怖い思いをしながら暮らしているのだ。

それが本書を執筆する直接のきっかけになった。

耳が聞こえない人の、生活のお手伝いをするのが聴導犬だ。どういう仕事をするのか、具体的な日常生活をイメージしてもらうとわかりやすいかもしれない。

たとえば私の場合、毎朝、目覚まし時計代わりにスマホに内蔵されたタイマーを五分置きに鳴るようにセットしている。

七時五〇分、七時五五分、八時ちょうど。その度にけっこう大きな音が鳴って起こしてくれるが、それでもたまに疲れていて起きられないことがある。

子どもの頃だと母親が「ほら、起きなさい」と体を揺すってくれたかもしれないが、大人なら自力で起きるしかほかに方法はない。

そんなときに代わりに起こしてくれるのが聴導犬だ。

「ねえ、起きなよ。朝だよ！」

聴導犬が体の上に乗ったり、顔をぺろぺろして起こしてくれる。それでも起きない場合は、ぺろぺろ度合いがもっと激しくなる。

「ねえ、ねえ、いい加減に起きたら。遅刻するよ」

「うーん、そうだね。そろそろ起きるかー。起こしてくれてありがとう」

耳が聞こえない聴導犬のユーザーは、一回大きく伸びをして、起こしてくれた感謝を伝える。聴導犬も褒められてうれしい。「また褒めてもらいたい」と張り切ることにもなる。お母さんから褒められてうれしくない子どもはいないのと同じことだ。

朝食を取った後、仕事に取り掛かる。家で原稿を書いていることが多いので、必然的に宅配便が届く機会も多い。午前着の指定をしていると朝から「今か今か」とそわそわする。トイレに入っていてもシャワーを浴びていても、「そろそろインターホンが鳴るのではないか」と気が気ではない。

もし音が聞こえなかったら、インターホンの音も聞こえないので宅配便が来たことさえもわからない。最近のインターホンだとモニター画面が映る機種も多いが、たとえそうだとしても、その前でずっと待っていなくてはいけなくて面倒だ。

そんなとき聴導犬が助けてくれる。

「ねえ。宅配便が来たよ。取りに行ったほうがいいよ」

インターホンの音が鳴っている場所まで連れて行ってくれるのだ。

コーヒー好きなら一日に何杯もお代わりをすることになる。その度にやかんに水を入れて、準備をする。沸騰するまでの時間でメールをチェックする。

――ヒュー、ヒュー、ヒュー。

メールの返信を書くのに夢中になって、ついお湯を沸かしていたことを忘れてしまう。けたたましいやかんの音で、ハッと気づいて慌ててキッチンへ向かう。私たちの日常にはありがちな光景だ。しかし音が聞こえないと気づかないうちにやかんの中のお湯が蒸発し、空焚きになり、最悪、火事になる恐れもある。

ここでも聴導犬はメールをチェックしているユーザーに教えに行く。

「お湯が沸いたよ。早く止めないと」

ユーザーは聴導犬をやさしくハグして感謝を伝える。

「ありがとう。いつもいい子だねー」

聴導犬は長い尻尾を激しく振って、こう返事をする。

「そんなことないよ。お互いさまだから。こちらこそありがとう」

耳が聞こえないユーザーと聴導犬とは良きパートナー。

ここが「聴導犬とは何か」を考える上で、とても重要な点だ。

お互いの愛情と強い信頼関係で結ばれている。

だからこそ一緒に生活していてもストレスを感じないどころか、お互いに欠くことのできない存在になるのだ。

もしユーザーが聴導犬に一方的に命令をし、仕事をさせるだけの関係だったら、最初はやってくれるかもしれないが、そのうちしなくなる。人間よりも本能に近い行動をする犬に対して、叱るだけの接し方をしていたら尻尾を振って、ユーザーが起きるまでぺろぺろと顔を舐め続けたりなど決してしないだろう。それどころか、そのうち鳴っている音にさえ反応しなくなるはずだ。

「愛する人が困っていたら、ごく自然と相手が喜ぶことをしてあげたいと思うでしょう？そんな関係性を持ってユーザーと聴導犬は一緒に暮らしています。お互いが尊敬し合った、理想の夫婦のような関係だと思います」

いろいろな訓練士から異口同音に聞かされた言葉だ。そのため聴導犬の訓練士は、訓練をしているときから人間が何を考えているかを犬に教えるようにしているのだという。

一方、聴導犬と一緒に生活することになるユーザーに対しても、同様に犬への思いやりを持って接してもらうような話をしていくのだという。

「聴導犬は自分の仕事にとてもプライドを持っています」

ユーザーが聞こえないのだから、さぼっていてもわからないが、決して手を抜かない。実際に手を抜くと、結果的にユーザーは気づくことになる。

たとえば携帯メールの着信音が鳴っても聴導犬が教えなかったとする。すると後で携帯の表示を見て気づく。宅配便でもしかり。ポストに不在連絡票が入っていることに気づいた時点で、「教えてくれなかったんだ」と理解できる。聴導犬が損得勘定ではなく、困っているユーザーに対して日々、愛情を持って「音を教えてあげなくちゃ」という使命感に燃えて接しているからこそ、そういうことが起きないのだ。

「二四時間ずっと気が抜けない状態で聴導犬が可哀想といわれることもありますが、決してそうではありません。テレビがついていると、いつも音があるように思われがちですが、部屋の中では、音はそんなには鳴りません」

たしかにいわれてみたらそうかもしれない。室内にいて、テレビ以外で日常的に聞こえている音は意外に多くない。

「必要な音が鳴るのは、せいぜい一時間に一度くらいのものです。昼間は少なくて夕方は多いなど、パターンもだいたいわかっています。それ以外のときは普通の犬と同じで寝たりくつろいだりしています。でも私たちと同じで、耳は聞こえているので、何かあったときだけ反応して、『あっ、音が鳴っているよ』と伝えて、『ありがとう』といわれたら再び自分の場所に戻ります。『そろそろ音が鳴るかもしれない、鳴るかもしれない』とずっと身構えているわけではありません」

聴導犬は吠えない。たとえお客さんの来訪があったとしても「ねえ、お客さんが来たよ！」と伝えて「あっ、こんにちは」と挨拶をしたら「じゃあ、ぼくは失礼します」といって、自分のベッドに戻ってゆっくりとしている。それが聴導犬の日常だ。

本書で紹介する聴導犬は基本的に捨てられた犬だ。保護センターに保護されていた子犬を訓練施設が引き取り、訓練士たちが愛情を持って育て、しつける。その犬がやがて耳が聞こえないユーザーとともに聴導犬の認定試験に合格して、一緒に生活をする。犬と訓練士とユーザー。この三者の深い絆がないと「聴導犬」は活躍できないといっていい。それではいったい三者にはどんな絆があるのか、それはどこから生まれてきたのか。そしてどれほど深くて強いものなのか。

あまり知られていない「聴導犬」について、本書を通していくらかでも知ってもらえれば、著者としてこんなにうれしいことはない。

聴導犬のなみだ　目次

はじめに……10

＊Ⅰ＊
犬

1「ぼくの耳は大きいの」……23
2 ミミへの最初で最後の後悔……39
3 理想の聴導犬ブランカの大胆さ……55

＊Ⅱ＊
訓練士

4 バイトをしながら夢を追う青年……73

5 聴導犬になれなかったあづね …… 93
6 ジェイが訓練士を育てた …… 115

＊Ⅲ ユーザー＊

7 バトンタッチしたレオン引退の日 …… 145
8 孫のようなあみとサヨナラした老人 …… 181
9 鳥の鳴き声を教えてくれたあみのすけ …… 211

おわりに …… 242

* I *

犬

1

「ぼくの耳は大きいの」

「今まで育てた中で、もっとも印象に残っている聴導犬っていますか？」

「やっぱり、『あみのすけ』ですね」

私の質問に、水越みゆきさんは間髪をいれず答えてくれた。

彼女は「一般社団法人日本聴導犬推進協会」の理事で、聴導犬の育成に携わっている。訓練士になったのが一九九七年なので、訓練士歴は、実に二〇年におよぶ。その圧倒的な知識と経験において、間違いなく聴導犬界を引っ張るトップランナーといっていい。


そもそも日本に最初の聴導犬が誕生したのは一九八四年のこと。

「ロッキー号」と名づけられた第一号を育てたのは、現在、埼玉県にある株式会社オールドッグセンターの代表を務める藤井多嘉史さんで、同センター内にある日本訓練士養成学校の卒業生の一人が水越さんだ。

日本聴導犬推進協会は、この流れをくむ団体で、ほぼ同じ場所にある。

彼女は学校を卒業後、オールドッグセンターに残り、家庭犬の訓練士として活動をはじめたが、ほどなくして藤井さんから「聴導犬を育ててみないか」と誘われた。

二〇〇二年、身体障害者補助犬法が施行され、公共機関へ盲導犬、介助犬、および聴導犬を同伴できるようになるが、その一年ほど前、藤井さんの勧めで、水越さんはアメリカに一ヵ月間、聴導犬の勉強に出向いている。当初はさして関心もなかったが、次第にのめり込んでいく。

そんな彼女にまずはじっくりと話を聞いた。

「そのあみのすけは、元々どういう経緯から聴導犬としての道を歩んでいったのですか?」

「埼玉県の動物指導センターから、生後二ヵ月のあみのすけを引き取ってきました」

「聴導犬の父」と呼ばれる藤井さんの時代から「捨てられたり、保護された犬を聴導犬にする」というポリシーで育ててきたが、それは三〇年以上経った今でも変わらない。

水越さんたちスタッフは、時間があれば全国各地の動物愛護センターや愛護団体のもとに保護された犬に会いにいき、将来の聴導犬の候補を探す。

あみのすけも同様だった。二〇〇七年のことだが、そもそもどういう基準で選んだのか。

「最初は見た目。私の好みです」

子犬の頃のあみのすけ

水越さんはそう笑いながらも、聴導犬に向く犬の三つの条件について教えてくれた。

ひとつ目は「人間に友好的である」こと。

「たとえば私たちが保護された犬に会いに行くと最初は『わあー人だ』と近寄って来ますが、そのうち飽きてどこかへ行ったり、ほかの子犬たちと遊びはじめる犬がほとんどなんです」

あみのすけの場合、それがなかった。水越さんたちがゆっくり場所を移動すれば、流れに合わせてついて来る。水越さんは、第一条件に合致した犬三頭を連れて広場へと場所を移した。するとほかの二頭は途中までついて来るが、すぐに違うものに興味を示していなくなってしまった。

しかし、あみのすけだけは最後までうれしそうについて来たのだという。

「足元に来たので、触ってあげるとずっと尻尾を振っていて、『もっとかまって、かまって』という感じでしたね。離れるとまた一生懸命に後を追いかけてきて」

そのように「人間と常に一緒にいたいか」というのが二番目の条件だ。

この二つの条件に合致したあみのすけを水越さんは選んだ。

「そのまま自宅に連れて帰って、それからは二四時間一緒の生活でしたね」

まずはペットシーツできちんとトイレをするようにとか、決められたところで寝るようにとか、あるいは人の手から食べ物を食べられるようにとか、犬のしつけの基本を覚えさせるところからはじめる。

聴導犬になれば、耳が聞こえないユーザーと一緒に外へ出かけるなど社会生活を営まなければいけない。そのことを念頭に置き、用事の帰り際に犬用のリュックサックに入れて、スーパーに立ち寄り買い物をするなど、どこへ出かけるのも一緒という生活を送る。並行して、音を聞かせて反応させる、いわゆる一般的な聴導犬の指導も行うようになった。

幸い、あみのすけが吠えることはなかった。怖くて吠えるのは恐怖心があることを意味する。聴導犬として社会参加をさせていくには、余分なストレスがかかるので好ましくない。

その「ストレスに強い」ことが最後、三番目の条件になる。

「だいたい育てながら訓練をはじめて二歳頃に聴導犬の資格試験を受けるのですが、あみのすけの場合、平均より数ヵ月早く受けて合格しています。それだけ優秀でした」

試験を受ける少し前から、徐々に将来のパートナーになる耳が聞こえないユーザーの家を訪問し、一日行動を共にする準備期間に入る。訓練をして協会のインターホンの音に反応できていても、ユーザーの家のものとは音色が違って、戸惑うことがある、そんな齟齬《そご》をなくすためだ。もちろん新しい飼い主になるユーザーにも慣れる必要がある。

「あみのすけのユーザーとなった方は東彩《あずまあや》さん。当時、東さんは旦那さんと二人暮らし。調剤薬局で薬剤師の仕事をされていて、あみのすけが来てからは一緒に出勤をして、仕事中は別な部屋で待機。昼休みには一緒に近くを散歩して、午後からまた仕事。仕事を終えた後、ご自宅に一緒に帰るという生活になり、ぐっと行動範囲が広がったとおっしゃっていました」

「聴導犬」と書かれたケープを着たあみのすけと一緒に出かけると、いろいろな人の目に触れ、話しかけられる機会も増えた。彼女自身、〝世界〟がぐんと広がり、聴導犬と一緒に暮らすことの素晴らしさをもっともっと世の中に広めたいと思うようになる。あみのすけがやって来たことにより積極的になったのだ。

「その東さんに赤ちゃんができたんです。それまで東さん、旦那さん、それにあみのすけの三人家族。とてもうまくいっていたのですが、新しく赤ちゃんが加わってきて……」

妊娠したという報告を受けてから、水越さんはアフターフォローという形で、あみのすけに赤ちゃんの泣き声を教える訓練を施《ほどこ》すことにした。それまで彼女の家に存在していなかった「新しい音」を覚えてもらうためだ。

赤ちゃんが生まれた翌日、水越さんは早速病院へかけつけた。赤ん坊が泣いたら東さんに教えるという行為を覚えさせるためだ。今までテープに吹き込んだ赤ちゃんの泣き声で練習はやっていたが、やはり本物の赤ん坊の泣き声は微妙に違うので、その修正を図るためでもある。

実際、あみのすけ自身、「新しい音」に戸惑った。一方、東さんも最初の赤ちゃんの誕生ということもあり、かなりナーバスになり、あみのすけどころの話ではない時間が過ぎていった。つまり入院中は、あみのすけも東さんもどちらもあたふたした感じだった。

そんな日常は、退院して家に戻ってからもなかなか平静には戻らなかった。朝、昼、晩に関係なく赤ん坊は激しく泣く。一般家庭でもよく起きることである。それに翻弄されて、東さんもあみのすけも暮らしている。この頃、水越さんはそんな状況をフォローするため頻繁に彼女の家に通っていた。

「はじめに」で、ユーザーと聴導犬はお互い深い絆で結ばれていると書いた。たしかに正しいのだが、逆にいえば、それは聴導犬にとって自分が一生懸命にユーザーのことを気にかけているのと同じように、ユーザーに自分のことを気にかけてもらっているという信頼の上に成り立っているものといっていい。

その信頼関係が、赤ん坊が生まれたことによって少しずつ変化しはじめる。あみのすけが仕事をする。今までは自分の目を見て褒めてくれたのに、肝心の東さんは赤ん坊ばかりに目がいって、褒めてはくれるけど、どこかそっけなかったりする。その違いをあみのすけは敏感に感じ取っている。

逆に東さん自身も、あみのすけに対して今までと違うものを感じていた。普段は何げなくあみのすけを見ると、決まって目が合っていたのに合わなくなった。いつもは自分の後をうれしそうについて来るのにベッドに寝たままになった。旦那さんがいるときだと自分のほうに来ないで旦那さんのほうに行くようになった。あみのすけが微妙に遠慮した行動を取るようになったのだ。

あみのすけの単純な嫉妬だとしたら、あみのすけが赤ちゃんを排除する方向にいってもおかしくないが、それはなかった。プライドを持ってやっている仕事を正当に評価してもらえないもどかしさを抱えていたから、不満はすべて東さんに向いたのだ。

――ねえ、どうしてわかってくれないの。

――ぼくさ、ここにいるんだよ。なんで見てくれないの。

あみのすけはおそらくずっとそんな不満を発信し続けていたのだろう。

それまで万事うまくいっていたユーザーと聴導犬の「良きパートナー」という関係性が、一時的にぎくしゃくしてしまったのだ。

以前だったら、あみのすけがちょっと調子が悪いと気づけば必ずやさしく声をかけた。

「あみのすけ、どうしたの？　調子悪いの」

本気で心配して体をさすってあげたりする。犬もそんなユーザーを目の当たりにして、安心感が芽生えほっとする。しかし当時の東さんは、赤ん坊にしか目がいかなかった。

あみのすけにしたら今まで一〇〇パーセントの意識が自分に向いていたのに、子どもに八〇パーセント、自分には二〇パーセントしか向いていないことを察知《さっち》する。あみのすけはおそらくこんな気持ちだったのではないか。

「ぼくってもう必要じゃないのかな……」


東さんが、そんなあみのすけの寂しさを本当の意味で気づくのには、一年近い年月が必要だった。あみのすけが六歳、東さんと暮らしはじめて四年、赤ちゃんが生まれて一年という時期だ。きっかけは「アニマルコミュニケーション」だった。

日本では「動物対話」と訳されることが多いが、動物の気持ちを読み取れるというセラピストに、犬と対話をしてもらい、犬の気持ちを引き出してもらう行為のことをいう。よくテレビ番組で、動物の気持ちがわかる女性が登場して、動物たちの気持ちを言葉にして伝えてくれる場面が流れるが、簡単にいえばあれだ。

当然、そんな非科学的なという批判もあるだろう。ただ、ここで重要なことは、それが事実かどうかを議論することではなく、訓練士やユーザーが、犬のどの〝言葉〟に関心を示したかだと私は考えているので、そのまま紹介したい。

海外で有名な、あるセラピストの女性が来日し、セミナーが開催されることになった。偶然、主催者が水越さんの知人だった。

「枠《わく》を取っているんだけど、誰かアニマルコミュニケーションをしてもらいたい犬いる?」

そう声をかけられ、水越さんの脳裏に真っ先に浮かんだのがあみのすけだった。

東さんに趣旨を説明して、一緒に会場に向かった。あらかじめ聞きたいことを伝え、犬との会話の結果を後から教えてもらう流れになっていた。

水越さんには聞きたいことがふたつあった。ひとつは、東さんに子どもが生まれたことをどう思っているか。もうひとつは、今はだいぶ落ち着いてきたが当時を振り返ってどうだったか。

結果的に、想像していた通りの答えがもたらされた。今まで東さんと旦那さんとあみのすけの三人で生活していたところに、新たに子どもが入ってきて自分を見てもらえなくなったことが何よりショックだったとあみのすけは答えたらしい。

「だからあみのすけは、子どもが来たことを受け入れるのにすごく時間がかかったって聞きました。ただ、それがあるとき東さんと通じる瞬間があった。『そっか、そんなに気にする必要もないんだ』と何かが弾けるようにお互いを理解することができ、子どものことも自然と受け入れられたようです」

振り返ってみるとたしかにその出来事があってから、あみのすけは赤ん坊の声の違いを判断して、東さんに知らせるようになったし、夜泣きも教えられるようになったのだ。

その話を聞いて、東さんはあらためて反省した。当時の自分があみのすけのことをきちんと見ていなくて、「自分はいらないんじゃないか」というところまで思わせてしまったことに責任を感じたのだ。同時にそこまで自分のことを思ってくれていた〝事実〟に、彼女は感動した。しかも今は、そんな危機を乗り越え、もう一度、あみのすけと深くつながることができているのだ。

くわえてあみのすけ自身は、「やっぱりぼくは聴導犬として東さんを助けていかなきゃいけない」という自分自身の役割を思い出したことで、「ぼくは大丈夫！」となったという。

実は水越さんがアニマルコミュニケーションの結果を聞いて、「あみのすけ、なかなか可愛いじゃん」と微笑ましくなったエピソードがあるという。

あみのすけがセラピストと最初に交わした会話が、次のようなものだったらしい。

「こんにちは」

「どうも、あみのすけくん。こんにちは」

「お姉さん、あのね」

「何？」

「ぼくの耳は大きいの」

「えっ、どうして？」

「ぼくは大切な音をちゃんと聞いて、ちゃんと伝えないといけないから。だからぼくの耳は大きいんだ」

あみのすけはそういって、本当は小さな耳だけど、自分が聞いている感じでは、こういう感じなんだよとダンボのような大きな耳を表現したのだそうだ。

『ぼくの耳は大きいの』って、その顔でいうの？」

水越さんは、あみのすけに突っ込みたくなった。

同時に、「でも、いつも一生懸命だから、やっぱりそんなふうに思っていたんだ」と大いに納得できる部分もあった。

「あみのすけのやつ、自分の仕事のことをとても大切に思っているんだなって、その言葉を聞いてとてもうれしかったですね」

水越さんはいう。そのことは訓練士冥利《みょうり》に尽きる言葉でもあったはずだ。


現在、あみのすけと東さんの関係は、よりいっそう深いものになっている。あみのすけ自身は、常に東さんと一緒にいたくてしょうがない。もともとそういう犬だったこともあるが、過去の経緯もあってか、「東さん、大好き」に拍車がかかったのだそうだ。

「たまに協会に東さんとあみのすけが遊びに来るんですけど、来た早々、あみのすけのやつ、『ねえ、早く帰ろうよ』というんですよ」

水越さんが、半ば呆《あき》れたように笑う。しかしあみのすけと東さんを見ると、つくづく良きパートナーとして、お互いが深い部分でつながっているのを感じるのだそうだ。

まわりの音に注意しながら、東さんと仲良く歩くあみのすけ

2　ミミへの最初で最後の後悔

「最初に手掛けた聴導犬のことは覚えていますか?」

「ええ、もちろん。二〇年前になりますけど、『ミミ』という犬でした」

「今から振り返っていかがですか?」

「うーん。ミミが亡くなってしまったということもあるのかもしれませんが、正直、後悔していることもないとはいえないですね」

そう答える水越みゆきさんが、聴導犬の訓練士としてカリスマ的存在なのは自他ともに認めるところだ。後に詳しく紹介するが、彼女の、犬のしつけの理論や知識、および訓練技術には卓越したものがある。

しかしそんなベテランの彼女にも、当然、新人時代はある。

一九九七年、日本訓練士養成学校を卒業し、訓練士の資格を取得。二〇歳でオールドッグセンターの職員になった水越さんは、学長である藤井多嘉史さんのもとで聴導犬の育成に携わりはじめた。

「最初の一年間は、月に一度ていどの割合で、学長について聴導犬のデモンストレーションに赴くのがメインの仕事でした」

聴導犬を育てる訓練機関では、聴導犬に育てる「育成」と、聴導犬とは何かを知ってもらう「広報」のふたつが活動の中心になる。彼女がいうデモンストレーションは後者だ。

環境省などが主催する動物愛護フェスティバルや動物愛護週間のイベント、あるいは地方のお祭りのステージに、音に反応してみせるPR犬と一緒に参加して、聴導犬がどういうことをやるのか実演するのだ。

「みなさん、聴導犬という名前を聞いたことがありますか？」

藤井さんがマイクを持ってお客さんに話しかける。水越さんはPR犬と一緒にスタンバイしている。

「目覚ましの音が鳴ります。すると聴導犬はどうするでしょうか？」

その声を合図に水越さんはステージに犬を連れて出て来て、用意した布団に横になる。そこで目覚まし時計を鳴らす。PR犬は「目覚ましが鳴っているよ」と寝ている水越さんの上に乗り、顔をぺろぺろと舐めて知らせてくれる。彼女が起き上がって「よし、よし」と褒めるとお客さんから拍手が起きる。そんな具合だ。

日本訓練士養成学校時代の水越さん

デモンストレーションを行うPR犬は、正確にいえば聴導犬ではない。聴導犬の資格を取るために訓練中の犬、もしくは訓練して音にそこそこ反応はできるが、最終的には聴導犬になれなかった犬のどちらかだ。

日本訓練士養成学校時代は先生が手取り足取り教えてくれたが、ここでは自分でやるしかない。イベントが行われるとき以外はドッグセンターで生活しているPR犬の世話をしながら、見よう見まねで「音」も教えていた。

あっという間に一年が過ぎたあるとき一人の訪問者があった。

「あのー、この犬を聴導犬にしてもらえませんか？」

荒井弘恵さんという女性が、犬を連れてセンターを訪ねて来たのだ。当時は、保護した犬だけではなくユーザーが飼っている犬を聴導犬にするやり方もあった。

話し合いの末、ドッグセンターで預かることになり、水越さんが担当に指名された。それが冒頭のミミだ。

初めて担当する犬だったが、「よーし。やるぞー」というやる気よりも「大丈夫かしら」という不安のほうが大きかった。訓練士の資格は持っていたが、聴導犬に関しては素人同然だったからだ。

「聴導犬をまともに育てたこともないし、正直、どうすればいいのと途方に暮れました。それに初めて聴覚障がい者である荒井さんと接することになり、『ああして、こうして』といったコミュニケーションが取れるかどうかも不安でした」

ミミには何かあるとすぐに「わん、わん」と相手に向かって吠えたり、散歩をさせていると「こっちへ行く」と主張して譲らないなど家庭犬としてもいくつか問題行動があった。それは、耳が聞こえない人と飼い犬とにありがちなことでもあった。犬は、飼い主の耳が聞こえないので、自分が守らなきゃという思いで吠える。散歩のときも自分が先頭に立って歩かないと家族を守れないと思って主張する。つまり自分が主人だと思い込んでいるために起きる行動なのだ。まずはそういった問題行動を矯正《きょうせい》しなければいけない。

水越さんは、荒井さんとミミの関係を改善していくことからはじめた。家庭犬としてきちんとしつける。その上で聴導犬になるための訓練も行うのだ。

水越さんにとっては、何もかもが初めての経験だったので、気取らずに最初に説明することにした。「お互いきちんとコミュニケーションを取りながらやっていきましょう」と了解をとりつけ、わからないときはその都度、立ち止まって一緒に考え、また一歩進んでいくという方法を取った。

最初は手話通訳者が一緒だったが、二回目からは筆談や、口の動きを読み取ってもらいながら、週に一回、面会に来てもらい指導を行う。それを欠かさず続けた。

一年後、正式にミミを渡すときがきた。

「明日から、ミミは荒井さんの家で一緒に過ごすことになります」

水越さんは初めて自分の手で育てあげた聴導犬をユーザーに渡すことになったわけだが、「やったー。ついに聴導犬を育てたぞー」という思いにはとうていなれなかった。「ようやく終わったなー」という安堵の気持ちは芽生えたが、「ちゃんと働いてくれるかなー」という不安のほうがずっと大きかった。

「先ほど初めて自分が育てた聴導犬のミミに関して、後悔していることもないとはいえないとおっしゃいましたが、具体的にはどんなことですか？」

「そうですね。彼女の気持ちを理解してあげられなかったということでしょうか」

ミミは精神的に強い子ではなかった。その性格をくみ取ったしつけができなかったという後悔だ。昨日できたことが今日はできない。水越さんが「ねえ、どうしてできないの」と叱る。するとミミは途端にブルーになる。

今ならミミのせいではなく、自分の教え方の手数が少ないことに原因があるとわかるが、そこまで冷静な判断が若い水越さんにはまだ備わっていなかった。

たとえば「座りなさい」という動作を教えるとする。一〇通り、いや二〇通り以上の教え方があるが、新人だった彼女は、ひとつか、せいぜいふたつしかやり方を知らなかった。そのため今ならとうていやらないような、犬のお尻を押して座らせたりしていたのだ。

ほかのしつけも同様だ。今なら系統立てて簡単なものからやらせて徐々に難しいものへと移行させていくが、当時はどれが簡単でどれが難しいかということさえ念頭になかった。まるで大学生が勉強するような公式を、小学生の子どもに説明もなしに与えるようなことをしていたのだ。

「犬のほうからしたら、まだ掛け算も習っていないのに、いきなり方程式を解かされるようなものだったと思います」

水越さんはそう述懐する。

「この公式を使いなさい」

そう教わって公式を使えるようになっても、丸暗記だと問題が変わったときにうまくあてはめることができない。教えられた音にしか反応できないから音の種類が変わったり、環境が変わると途端にできなくなるのだ。

　人間もそうだが、気分が乗らないときもある。

　今なら負担をかけないように、決して無理にはやらせないが、そういう犬の気持ちを理解できずに、ただ漠然《ばくぜん》と押しつけていた。

　漠然とした教え方なのに、細かいことをいうから犬にはできない。当然だ。その当然だということが、水越さん自身にも経験がないため、理解できずに「どうしてできないの」という半ば冷静さに欠けた反応になっていた。

「もっとミミの気持ちを理解してあげることができていたら、彼女もストレスがなくできただろうなという思いがあります。ただ一方で、そういうミスを積み重ねて、私も成長しているわけで、後悔してもしょうがない。たしかに今の技術をそのときに持っていれば、ミミにもいろいろとしてあげることができたかもしれないけど、そのことを今さら嘆いても仕方がない、そうも思いますけどね」

　その後、反省を踏まえつつ、水越さんは訓練士として力をつけていく。知識も知恵も、そして犬の気持ちになって考えるという大事なことも覚えていった。

ユーザーである荒井さんとミミとは、渡してからも五年ほどつきあいが続いた。会わなくなってからも、フェイスブックではつながっていて近況などを報告し合っていたのだが、数年前に連絡があった。

「今度、関西のほうに引っ越すことになったの。ミミも鼻の手術したりしてけっこう弱ってはきているけど、ちゃんと生きてるよ」

それを読んで「へーっ、まだミミは生きていたんだ」と水越さんは懐かしくなったので、思い切って返信をした。

「関西に引っ越ししたらなかなか会いに行けないから、最後に会いに行ってもいい?」

「もちろん。ぜひ」

すぐに返信があったので、水越さんは荒井さんとミミに会いに行くことにした。

ミミと会うのも一〇年ぶりだ。彼女が荒井さんと一緒にセンターにやって来てからだと一五年も経つ。ミミはすでに一六歳の老犬になっていた。

「荒井さんはその後、聴導犬はどうされたんですか?」

「ミミで最後です。彼女が聴導犬の役割を果たせなくなってからは、自力で生活される道を選ばれました」

極論をいえば「聴導犬と一緒に暮らさない」という判断をくだしたことになる。

水越さんによると、今のユーザーは、ほぼ間違いなく、最初の聴導犬が引退すると次の聴導犬と一緒に暮らすことになるそうだ。

では、なぜ荒井さんは二代目の聴導犬を持つ人生を選ばなかったのか。ひょっとすると、それが水越さんの「後悔」とも何かつながっているのではないか。後悔があるということは、逆にいえば満足がいく聴導犬に育たなかった、育てることができなかったといいかえることができるかもしれない。訓練士が満足できなかった聴導犬だから、ユーザーも満足できなかった。つまりはそういうことなのか。私はあえてその点を訊ねてみた。

「うーん」

いつもはどんな質問にも間髪をいれず答える水越さんが、珍しく躊躇している。

「たしかにそれもあるかもしれませんね」

また、しばらく沈黙があった。

「いいわけするつもりはないですが……」

水越さんはそう前置きをして、ひとつひとつ言葉を選ぶように話しはじめた。

「ただ、荒井さんだけの問題でもなかったと思います。当時はかなりの割合で二代目を持つ判断をしなかった。ほとんどのユーザーが、聴導犬とのつきあいは一代かぎりでした」

私が「どうして？」という疑問を浮かべた顔をしたことに気づいたようだ。水越さんは説明をくわえる。

「ミミが聴導犬として荒井さんと一緒に暮らしはじめたのは、一九九九年頃の話です。まだ身体障害者補助犬法が施行される前です。三年後、その法律ができてから、聴導犬のユーザーの行動は格段に広がりました」

聴導犬の世界にとって二〇〇二年が大きな転換期になったのは間違いない。

「聴導犬を連れて喫茶店にも入れるし、電車にも乗れる。そういう社会背景の中で、今のユーザーの方たちは行動ができている。もちろんまだまだの部分もあって、今でも喫茶店で『犬の同伴はお断りしています』と入店を拒否されたという類いの話はよく耳にします。しかし荒井さんがミミと暮らしはじめた頃に比べると全然ましです。少なくともあの頃は、とてもそういう状況ではなかったですから」

そこまで聞いてはっとした。彼女がしばらく沈黙していた本当の意味を知った気がしたからだ。水越さんが噛《か》みしめるように続ける。

「当時のユーザー、みなさん、相当苦労されたと思います」

「逆にいえば、今は躊躇なく二代目を持って、社会の中で暮らしたい、そう思えるくらいに社会も成熟した。そうとらえていいわけですね」

「そう思います。聴導犬の役割そのものも、以前よりずっと成熟してきたといえるかもしれません」

水越さんは、聴覚障がい者の方たちに寄り添いながら、社会の偏見や不平等さと闘い、聴導犬を育ててきたのだ。きれいごとではすまない現実も数多くあったのだろう。

「一番大事にしていることは、人と犬とのつながりです」

取材の間、水越さんの口から何度も出た言葉だ。

その関係を築けないと犬も人のために働こうとは思わないし、人も親身になって犬の世話をしようとしない。気持ちよく共同生活を送るには人間のことを考えられるような犬になっていかないといけないし、犬のことを考えられる人間でなければいけない。

いい訓練士とは、犬が伝えたいことを飼い主であるユーザーにきちんと教えてあげて、双方をつなげていくことだという思いがあった。実際、当時も人と犬とをつなげようと意識しながらやってはいた。しかし今が一〇〇パーセントだとしたら、その頃は三〇パーセントぐらいしかつなげることができていなかった。

はたして、一〇年ぶりに再会を果たしたミミはどうだったか。

「足は弱っていて、耳も遠くなっていたけど、ボケてもいませんでした」

サイズにもよるが、ドッグイヤーと呼ばれるほど、人間にとっての一年は、犬には何年もの年月にあたる。「四〇年ぶりの再会」といったイメージであってもおかしくない。

犬も忘れる生き物だ。人間でも印象深い人はいつまでも覚えているが、そうでなければ、たとえ一年前に会った人でも覚えていなかったりする。それと同じことだ。逆にいえば、どれだけ深く関わっていたかによって犬の忘れる度合いも違ってくる。

「私のこと、ちゃんと覚えていましたよ」

水越さんがうれしそうに笑みを浮かべた。

「それどころか、すごい喜びようだと荒井さんもおっしゃってくれて、それがとてもうれしかった。荒井さんがいうには、私と会ったときのミミの喜び方が、ほかの人が来たときの喜び方とは全然違ったそうです。それを聞いて、ミミの中では、私は家族の次に大切な人の部類に入っていたんだと感じましたね。おまけに荒井さんにも『手話、上手になったね』といってもらえて」

10年ぶりに再会したミミ

ミミにとっていい印象でない相手であれば、尻尾さえ振らなかったはずだ。水越さんは、訓練していた時代、ミミのことを理解してあげられなかったという後悔を持っているから、「げっ、あのいじめたやつだ」という悪い印象があって、尻尾を巻いてどこかへ逃げてしまう可能性だってあった。

それなのにミミもすごく喜んでくれたし、荒井さんも喜んでくれた。

「技術がないから、型にはめようとしていた。そういう面では、いい訓練士ではなかったけど、死ぬ間際に私のことをきちんと覚えていてくれて、喜んでくれて」

ミミはすぐにブルーになる性格で、水越さんの訓練を受けながら凹《へこ》んで嫌になったこともあったのだろう。しかしそんな表面的な部分よりももっと深い部分でつながっていた。だからこそ、最後にいい再会ができたのかもしれない。

聴導犬が必要とする訓練を教える「技術」は拙《つた》かったかもしれないが、人と犬とがつながってほしいという「思い」だけは確実に届いていたのだ。

3

理想の聴導犬ブランカの大胆さ

訓練士にとって理想の聴導犬とは、どういう犬を指すのか。取材を重ね、犬のことを知るにつれ、私はそのことを考えるようになった。

候補になる犬を選ぶ条件として「人と友好的であるか」、「人と一緒にいたいか」そして「ストレスに強いか」の三つがあると聞いた。

おそらくその延長線上に、理想の聴導犬がいるのだろう。前のふたつは「たしかにそうかもしれないな」と想像がつく。一緒に生活するのだから暗い犬よりは明るい犬がいい。だが、最後の「ストレスに強いか」は具体的にイメージしにくい。

人は平時より有事のときにどう動くかで真の価値がわかるというが、犬も同じということなのだろうか。あるいは困難という大きなストレスを乗り越えた先に、真の意味で「良きパートナー」との出会いが待っているということなのだろうか。

I部を終えるにあたり、訓練士の水越みゆきさんに、あえてその大きなテーマについて聞いてみた。

「今まで訓練士として、長年やってこられて、最高の聴導犬とはこういうものだという、理想のような犬はいましたか？」

「間違いなく『ブランカ』ですね。今まで出会った中で一番優秀。最高の犬です」

抽象的すぎて答えに困るのではないかと考えたが杞憂《きゆう》に終わった。むしろ即答だった。彼女がここまでいい切る犬とは、いったいどういう犬なのか。

「何よりもまず性格的に明るい犬でしたね」

水越さんが保護センターに保護されていたブランカを初めて見たのは、まだ生後二ヵ月のときだ。「ぼくの耳は大きいの」と自信満々にいった「あみのすけ」と同様、会うなり親しみを持って後ろをついて来た。

わざとおもちゃを置いて、そちらへ興味を引くように仕向けても脇目も振らず一目散に近寄って来る。人懐っこくて、しかも誰についていけばいいいか、それさえも瞬時に判断できる力も併せ持っていたという。

「誰と会っても決して人見知りもしないし、何かで失敗をしてもシュンと落ち込むのではなく、いつも『こりゃ失礼しました』と笑って、何事もプラスに考えられるような犬でしたね」

水越さんにとって最初の聴導犬だったミミは、何か音が鳴るとササッと動いてユーザーにドーンとぶつかり、生真面目に「音が鳴っていますので、どうぞよろしくお願いします」と教えてくれるような犬だった。

一方ブランカは、音が鳴ると跳ねるようにやって来て「ねえねえ、ほらっ、音が鳴ってるよ。こっち、こっち」と楽しそうに音がする場所まで連れて行ってくれた。

音ひとつを知らせるのにも、それほどの違いがあった。

また叱られたときの反応も異なっていた。「動かないで」と注意されたのにフラフラして叱られたときミミだと「そうでした。ごめんなさい」と真剣な表情で反省するが、ブランカは「あーそうだった。ごめん、ごめん」と軽くいなしていたのだという。

そのようにブランカには底なしの明るさがあって、どちらかといえばラテン系のイメージに近かった。まさに第一と第二の条件に合致するタイプだ。

「それに、なんといっても何事にも物怖《ものお》じしない点がすごかったですね」

それが、三番目の「ストレスに強い」犬という条件に合致することになるのだろう。

室内にいる間は大丈夫なことでも、いったん外へ出ると思わぬ経験をすることになる。

そんなとき冷静に対応できるか。

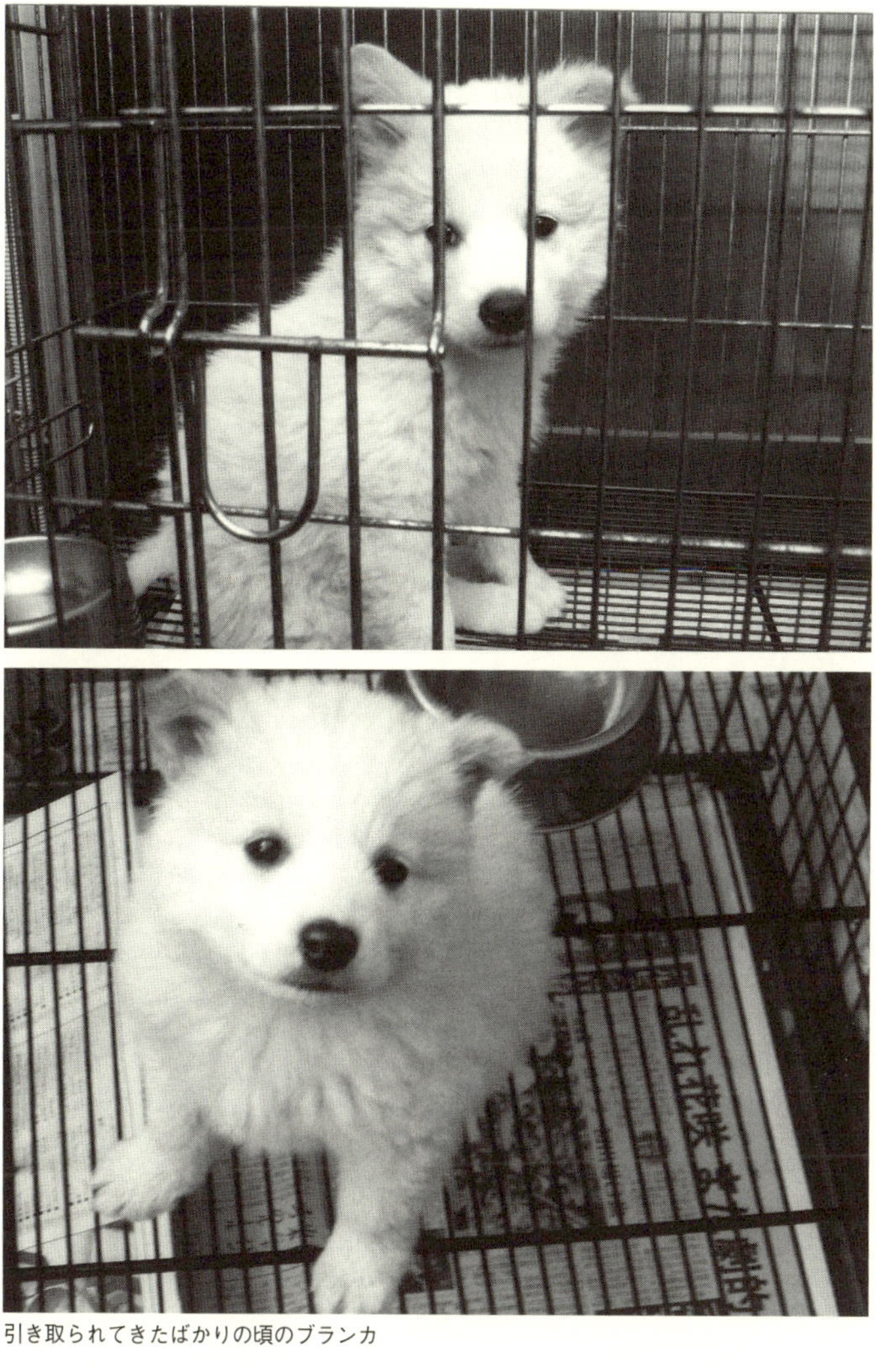

引き取られてきたばかりの頃のブランカ

その点、ブランカは、たとえ環境が変わっても動揺した様子を微塵も見せることがなかった。苦手なものは何かと聞かれても、「そんなものあったかしら」と考えてしまうほど恐怖心がない犬だったのだ。

たとえば初めてエスカレーターを目の当たりにした犬は、階段がニョキニョキと次から次に出て来る様子に戸惑う。しかしブランカは「あっ、こういうものなんだ」とすんなり理解して、決してうろたえたりしない。「じゃあ、行くよ」と呼ぶと一緒に踏み出し、何事もなく乗ることができる。

電車も同じだ。先入観なしにホームで眺めていると目の前に鉄の塊《かたまり》のような大きなものが連なってどんどん近づいて来るように見える。相当に大きな音をさせているし、地面だってガタガタと揺れる。犬によってはブルブルと震えることもある。しかしブランカは、決してあわてることなく受け入れることができた。

「ブランカは、私にとって、いわゆるパブリックスペースに一緒に出て、訓練をした最初の犬でもあったんです」

水越さんの、そのセリフを聞いて私は、「なるほど、そういう背景があったのか」と納得できた。

身体障害者補助犬法が施行されてから聴導犬の役割も大きく変わった。簡単にいえば、耳が聞こえないユーザーも聴導犬も「内」から「外」へと行動範囲が広がることになった。

聴導犬の仕事は、部屋の中にいて目覚まし時計やインターホンが鳴る音をユーザーに知らせることが主だったが、同法の施行後は、電車に乗ったり、バスに乗ったり、買い物に出かけたり、パブリックスペースを一緒に歩くような外の仕事が飛躍的に増えた。後ろから車が来ていないか、病院で名前を呼ばれたとききちんと教えられるかなどを学ぶ訓練が必然的に増えていった。当然、最初は訓練士も戸惑うし、緊張もする。

そんな端境期《はざかいき》にあって、水越さんと初めて一緒に外へ出て訓練を行った犬がブランカだった。それは、不安な日々を送る彼女にとってもとても幸運なことだった。

ブランカは外出すると、いつも先回りして彼女の気持ちをくみ取ってくれた。今はこういう状況にいるから伏せて待っていたほうがいいだろうとか、買い物中で商品を見ているから立ち止まっていたほうがいいだろうとか、自分で判断できる犬だったのだ。「こういうときはこうするんだよ」とちょっと教えただけで理解できる。まさに一を聞いて一〇を知ることができた。

水越さんはブランカと一緒に出かけるようになって「犬って、こういう音に興味を持つんだな」とか「意外なところに目がいくんだな」とあらためて気づかされることになった。あるときバスのドアが開いて、空気圧が抜ける「ブシュー」という音がしたときにブランカが「えっ、何、これっ？」と怪訝《けげん》な表情で、音のする方向を見たことがあった。水越さんはそれを見て、「犬ってこういう音を気にするんだ」と気づいた。

それからはその音が鳴る場所に来ると、水越さんはあらかじめ犬の注目を自分に引き寄せることにした。その後で実際の音が鳴るので、犬は音に驚かなくてすむし、徐々に音に慣れていく、といった経緯を辿ることができた。そしてそのとき一緒に訓練をした経験が、それ以降の聴導犬を育成する際に大いに役立つことになった。

「それから、いい意味で、こだわりがなかった点でしょうか。人間なら誰でも大丈夫、誰とでも仲良くなれるという素養があったんです」

聴導犬の訓練は、生後二ヵ月ほどで引き取って来た子犬を、訓練士が自宅で飼いながらしつけ、二四時間一緒の生活を送る。それが約二年間続く。その後、耳が聞こえないユーザーと引き合わせ、飼い主は訓練士ではなくユーザーだという意識へと徐々に移行させていく。

とても人懐っこいブランカ

その際、訓練士と犬との間でつくったルールをユーザーと犬の間で組み直す作業が必要になる。

それを合同訓練というが、それまでの経緯からいっても犬はまだ訓練士のほうに愛情が残っていて、新しい飼い主であるユーザーのほうに慣れるのに時間がかかるのが常だ。

ブランカの場合、極端に短い引き継ぎ期間で、無事に移行することができた。いい意味で、人に執着することがなかったせいだ。

根っから明るい人は、仲が良い友人と別れても意外にケロッとしているし、新しい環境でもすぐに新しい友人をつくることができる。誰とでもうまくやっていけるし、別れにも強い。それと同じで、そうでない犬だと、新しいユーザーのもとにいっても慣れるのに時間がかかってしまう。

「具体的にいうと、ほかの犬に比べて、置いていかれた感が、とても少なかったですね」

「置いていかれた感？」

「ええ」と水越さんは笑いながら説明してくれた。

訓練士からユーザーのもとへ移行させるため、最初は日帰りでユーザーの自宅で数時間過ごす。慣れてきたらユーザーの家に犬を置いていく、いわゆる「お泊まり」をさせることになる。一般的な犬の場合、初めてユーザーの家に泊まるとき「置いていって大丈夫かな」と心配になる。しつけを施しているので吠えたり鳴いたりすることはないが、翌日、迎えに行くとえてして怒っていることが多いのだ。「勝手に置いていきやがったな」という雰囲気を体全体にまとっている。

いつもなら脇腹をツンツンとつつくと「何、何？」とじゃれてくる犬でも、訓練士のことを無視したりする。しかしブランカの場合、そんな怒りは微塵もなく「あっ、おはよう。迎えに来たんだ」という表情をしていたらしい。

「理想の聴導犬とは、人だけではなく犬ともうまくやれる、そんな犬だと思います。ブランカの場合、受け入れるユーザーの家に引退した前任犬がいて、その犬と同居する必要がありました。しかも前任犬は柴犬で、けっこう気難しい性格。平たくいえば、なかなかほかの犬を受け入れられないタイプの犬だったんです」

ユーザーである松本江理さんは、前任犬である「美音《みお》」が高齢になったため、引退させ、二代目の聴導犬を持ちたいという思いを持っていた。

だが美音が引退してからも自宅で一緒に暮らすことになるので、新しい聴導犬との相性を気にしていた。

というのも、その話が出る以前、水越さんが松本さんの家に別の犬を連れて行ったことがあったが、そのときの美音の新参者への対応が厳しいものだったからだ。必然的に二代目は美音と仲良くやれる犬というのが大前提となった。一方のブランカはブランカで、もともとは別の希望者に渡す予定だった。実際、そのユーザーとは半年以上一緒に暮らして、トレーニングを積んでいたが、先方の諸事情で白紙になった経緯がある。

そんな美音とブランカが、はたしてうまく一緒に暮らしていけるのか。幸い、ブランカには、「あ、こいつ怒っているな」と思ったら、自ら身を引く能力が身についていた。相手の犬によって、これ以上近づいたらいけないというシグナルを読み取り、うまく間合いを取ることもできた。ブランカの、そんな類いまれなる能力と根っからの明るさもあって、同居はうまくいくことになった。

ブランカは今でも松本さんのところにいる。水越さんもたまにしか会わないが、明るい性格は当時のままで、いつ行っても大歓迎してくれる。

それでも寄る年波には勝てず、引退の話が出はじめた。今、三代目になる新しい聴導犬と引き継ぎの最中だ。その引き継ぎが終わった時点で、あのネアカで、水越さんをして「理想の聴導犬」といわしめたブランカは、その役目を終えることになる。

落ち着いてきたが、昔の人懐っこさは残している

「ブランカからは、本当に一緒にいろいろな経験をさせてもらいましたね。ブランカとの経験が、今、私たち日本聴導犬推進協会の考え方の基礎になっているといっても過言ではないと思います」

ブランカとの経験で培《つちか》ったものは多い。だからこそ、ユーザーに対しても、「聴導犬と一緒に暮らすとはどういうことか」といった話を自信を持ってすることができる。それを聞いたユーザーも、安心して犬と社会へ出ることができる。それもこれもみんなブランカとの経験が礎《いしずえ》になっているのだと水越さんはいった。

ブランカと外に出て訓練をはじめたときは、聴導犬の認知度はほとんどないといってもいいものだった。

「聴導犬」と書かれたケープを着て、電車やバスに乗ったり、買い物をしているときまって「あっ、盲導犬だ」という声が聞こえてくる。それどころか、「盲導犬を連れているのに、目が見えているじゃん」みたいに非難を受けることもたびたびだった。

あらかじめ喫茶店チェーンの本部に申請をして許可を取ってあるのにもかかわらず、いざお茶をしようとすると「犬はだめですよ」ときっぱり拒否されたこともあった。本部に確認をしてもらってようやく、「大丈夫です」と入店できたことも一度や二度ではない。

水越さんにとっても心細い時代だった。

だからこそ、優秀なブランカと一緒に訓練できたことは心強いことだった。

「私の思い入れが強いのは否定しません。それこそ駆け出し時代を二人三脚で歩いてきたわけですから。でも、そんなことを差し引いたとしても、ブランカは私にとって間違いなく理想の聴導犬です」

おそらく水越さんとブランカは戦友だったのだ。

* II *

訓練士

4　バイトをしながら夢を追う青年

「彼は偉《えら》いよ。ちゃんとした会社に勤めていたのに、わざわざ辞めてアルバイトをしながら頑張ってくれているんだから」

オールドッグセンターの専務取締役で、日本聴導犬推進協会の理事でもある藤井聡さん（多嘉史さんの息子）が紹介をしてくれたのが秋葉さんという男性だ。

藤井さんとは、私が以前、出版社に勤務していた頃、カリスマ訓練士である彼の本を何冊か編集したときからの縁だ。担当した最初の本が、二〇〇二年に出版されているから、かれこれ一五年近いつきあいになる。

その経緯は後述することにして、当時、彼に聴導犬の取材をさせていただいたことが、今回の本を執筆するもうひとつのきっかけになった。

「聴導犬に関する本を執筆したいので取材をさせてほしい」とお願いすると、日本聴導犬推進協会で働く彼を真っ先に紹介してくれた。

名前を秋葉圭太郎さんという。事業統括部のマネージャーだ。

現在、三五歳で独身。大学卒業後、広告会社に就職した。それなりに充実した日々を送っていたが、あまりの忙しさに「自分の人生、このまま進んでいいのか」と自問自答するようになり、転職する決断を下したのが今から七年前、二八歳のときだ。

転職情報誌などをチェックしていて興味を持ったのが、福祉の分野だった。中でも盲導犬の映画が上映された影響もあってか、盲導犬関連の団体で働きたいと志すようになる。実家で犬を飼っていて、身近な存在だったことも大きく、どうせ一からはじめるのなら、好きなものを仕事にしたいという思いが強くなった。

ある盲導犬の育成団体が職員を募集しているのを見て応募するも、残念ながら合格通知を受け取ることはなかった。そこで再び就職口がないかと探しているときに見つけたのが、この協会だった。

無事に研修生として入ることはできたものの、盲導犬に比べて聴導犬がいかにマイナーな存在なのかを嫌というほど知らされることになる。そういう彼自身も盲導犬のことは知っていたが、聴導犬の存在は知らなかったのだから、ほかは推して知るべしだろう。

まず、聴導犬に関する資料がほとんどなかった。情報そのものも同じ補助犬の一種である盲導犬に比べて圧倒的に少ない。その知名度のなさが、逆に秋葉さんの心に火をつけた。

広告会社に勤務していた経験を生かして、もっと聴導犬の存在を世の中に広めたいという思いを持ったのだ。

最初の一年間は、研修生という立場で、見るものや聞くものすべてが初めてで新鮮で、楽しかった。その後、正式採用にいたるが、現実は想像していた通り厳しいものだった。

「この仕事をはじめてから、ずっと居酒屋でアルバイトをしていました」

「居酒屋で？」

「ええ。ホールの担当で……」

「働きながらバイトしてとなると、生活はけっこうたいへんだったんじゃないですか？」

「そうですね。この協会で朝から夕方まで働いて、そのあと夕方の六時か七時くらいから居酒屋のホールで夜の一二時、一時まで働く。家に帰るのはいつもだいたい二時とか三時。それから昼間に終わらなかった仕事をして寝て、翌朝また協会に向かう、といった生活の繰り返しでした」

「それで今、アルバイトは？」

「二年ぐらい前に辞めました。協会での仕事が増えてきて、物理的に両立ができなくなったものですから」

それを聞いて、ようやく自立できるようになったのだと勝手に喜んだが、そうではなかった。

「この協会から少しはいただいていますが、微々《びび》たるもので給料が多くなったから辞めたわけではなく、単に忙しくなったから辞めざるをえなかったんです」

「じゃあ、失礼ですけど、今、生活のほうは？」

「アルバイトでやりくりしていた部分がなくなったので、基本的には生活を切り詰めてやっています。以前は貯金を取り崩してといった感じもありましたが、七年もこの生活を続けているとさすがに取り崩すものもなくなりますから」

秋葉さんは自嘲《じちょう》気味に笑うが、そもそもなぜアルバイトをしなければ暮らしていけないのか。

簡単に説明すると国や県などの行政から定期的な援助金が出ているわけではないからだ。一頭の聴導犬に対し、いくらを支払うといった仕組みにさえなっていない。

たとえばある聴覚障がい者が、聴導犬を持ちたいと希望するとまず当該の県に申請をする。県によって予算は違うが、協会がある埼玉県の場合だと補助犬への補助として、一頭に対し約二〇〇万円の予算が組まれている。審査の上、認められると予算が下りる。

だが、訓練施設側の立場からすると申請すればすべてもらえるかといえばそうではない。ほかの育成機関（全国に二一ヵ所ある）からも同様の申請があった場合、どちらか一方にしか予算が下りない。あらかじめ年間予算が決められているからだ。自分たちが育てた聴導犬の申請が認められなかった場合、行政からの支援がいっさいない状況でやっていかなければいけないことになる。

一頭の聴導犬を育てるのに平均して二〜三年かかる。その間の飼育費、人件費がまとめて三〇〇万円という予算になるのだが、前述したように聴導犬として育てはじめてもすべてが聴導犬になれるわけではない。訓練をしてもうまくいかなかった犬は、家庭犬として一般家庭に引き取られていく。それも一頭の費用に乗っかる計算になる。

では協会を運営していくための人件費や餌代などの諸経費は、どのようにまかなわれているのか。基本は、一般の方からの寄付金で成り立っている。そこで先ほどの知名度の高低の話が出てくる。寄付金の多寡《たか》は、そのまま知名度の高低に比例しているのだ。

盲導犬の育成団体は、世間の知名度が高いゆえ、そこそこの額の寄付金が集まるのでやっていける。一方、聴導犬の育成団体は、聴導犬の知名度が低いために寄付金が集まりにくく、よってそこで働く人たちの生活も成り立たないということになる。

事実、日本聴導犬推進協会には、七名のスタッフが働いているが、常勤は三名だけ。秋葉さんと水越さんともう一人だが、秋葉さんは二年前までアルバイトで生計を立てていたし、カリスマ訓練士といわれる水越さんにしても実質的に旦那さんの収入で生活している。後述する同じ訓練士の内田さんにいたっては、常勤でさえない。週に一回のペースで協会に通ってきているが、それ以外の日は、一般犬のしつけをしたり、アルバイトをしながら、といった状況なのだ。

訓練士の場合、犬と二四時間一緒に生活している。好きでないとできないといういい方があるが、それこそ好きでないとできない仕事といっていいだろう。

知名度が低いと寄付金も集まりにくい。寄付金が集まらないと給料も払えないので若い人が集まらない。集まらないと訓練士が育たないので当然、渡す聴導犬の頭数も増えていかない。聴導犬が目に触れる機会が少ないと、なおさら知名度は上がっていかないので、寄付金も増えていかない、という悪循環に陥ってしまう。

一般に、どんなに強い志を持っていても、一年、二年も経てば挫折する人が多い。人の意志など、他人が思っているほど強いものではない。働いてすぐに挫折しそうにならなかったのかと聞いても即座に「ないですね」という答えが返ってくるくらいだから、本物だ。

「それまでそこそこ給料ももらっていましたから、それを捨てる時点で、これからのことをすべて受け入れ、覚悟したところがありました。だから辛いということはなかった。むしろすべてを捨てるとき、つまり前の会社を辞めるときのほうがずっと怖かったですね。これからどうなるのだろうって」

「たとえば大学時代の友人とかから『お前、生活、大丈夫なのか』と心配されたりはしなかったですか?」

「当然、そういうことはよくいわれましたね」

「そうですよね。いくら理想に燃えていても、理想ばかりをいえないところも多分にありますからね」

「ただ、そんな不安以上に、何の根拠もないんですけれど、これは自分が広げていくべき分野だと、なぜか強く思うようになっていったんです。自分の生活を多少犠牲にしてでもやれるというか、やらなきゃいけないという気持ちがあって」

最初の一、二年は、知らないことを知っていく気づきがあって、すべての出来事が純粋に楽しいものだったという。それに嘘はないだろう。聞いていても、楽しそうな気配が伝わってくる。

張り切って犬の訓練をする秋葉さん

秋葉さんにとっては、聴覚障がい者の方と会うことも初めての経験だった。徐々に手話を覚えてコミュニケーションを取れるようになったことは、大きな喜びになった。

三年目ぐらいからは、聴導犬の世界の現状や問題点、それを踏まえた課題が明瞭になり、自分なりに解決できるよう努力したいという思いが強くなった。ただ、そうなると今までのような楽しいことばかりではなくなる。責任感や重圧が、彼の背にのしかかるからだ。

「これもやってみよう、あれもやってみよう」と張り切って、いろいろなことを試していたが、すぐに形になるわけではないので、やがて壁にぶつかる。

五年目とか六年目の時期だ。それでも決して辞めようとは思わなかったが、振り返ると、その時期がもっともたいへんだったという。

広報活動の一環であるデモンストレーションで、ある程度は自分が思っていることをしゃべれるようになる。しかし、本当に伝えたいことを伝えきれていないというジレンマも抱える。聴導犬のユーザーである聴覚障がい者と話をしていくうちに、彼らの思いを代弁する形でもっと社会に伝えていきたいという思いも持ったが、そこでもまた、うまく表現できないもどかしさを抱えるようになった。いわゆる踊り場状態だったのだろう。

今、秋葉さんは協会の仕組みづくりから広報などに広く従事している。最近は個人からの情報発信が活発になってきたので、フェイスブックやツイッターなどSNSを積極的に取り入れるようになった。世の中に聴導犬という存在がなかなかうまく広まっていかないという現状を、いくらかでも打開したいという思いからだ。

フェイスブックなどのSNSは自分たちが発信した情報だけでなく、受け取ったほうが、広めてくれる可能性がある。それまではイベントに行くと「聴導犬って言葉、初めて聞きました」という人が多かったが、最近は、「この前、フェイスブックで見ましたから、知っていますよ」という声をいただくことも多くなった。

「まだまだ社会的に認知されているとはいい難い状況ですけれども、それでも今までやってきた活動が、少しずつ一般の方に届いてきているなというのは実感としてありますね」

二〇一七年五月二二日の午後、私は東京スカイツリーのイベント広場がある東京ソラマチに来ていた。

この日は、身体障害者補助犬法の制定を記念して盲導犬、介助犬、聴導犬が一堂に会してデモンストレーションを行うイベントが開催されていた。

「みなさん、こんにちはー」

会場に集まったお客さんに向かってマイクで声をかけているのは、秋葉さんだ。ピンク色のポロシャツを着て、まるで体操のお兄さんのように爽《さわ》やかだ。

私たち観客の前に、盲導犬と担当者、介助犬と担当者そして聴導犬と秋葉さんが並ぶ。端にはそれぞれのブースがあり、簡単なのぼりが立ち、簡易テーブルの上にはパンフレット類が置かれている。

盲導犬と介助犬のデモンストレーションが終わり、秋葉さんたちの番がやってきた。

「みなさん。聴導犬ってご存じですかー。ご存じの方？」

会場にいた半分ほどが手を上げた。

秋葉さんがいうには、数年前まではまったく手が上がらないことが多かったそうだが、今ではこのイベントのように半分近くの人の手が上がることも多いという。

テレビや新聞に取り上げてもらえる機会も増え、社会的な関心が増したためではないかと彼は分析している。その一方で、身体障害者補助犬法によって犬同伴で公共施設にも行けるようになったのに、いまだに受け入れ拒否があるという。

二年ぐらい前のこと。「補助犬をみなさん積極的に受け入れてください」というコンセプトで、イベントが開催された。

とある百貨店のイベントスペースだった。盲導犬、介助犬、そして聴導犬が合同でデモンストレーションを行った。

「お疲れさまでした。じゃあ、ちょっとお茶でもしましょうか」

無事にイベントが終了し、同じ百貨店の中にある喫茶店に入ろうとしたら、「犬は入れません」と入店拒否に遭ったという。身体障害者補助犬法が施行されてから一五年も経とうとしているのに、なかなか普及しないもどかしさを抱えている。

イベント会場では、秋葉さんとPR犬である「ジロー」のデモンストレーションが続いている。秋葉さんが会場の中央を歩きながら、わざと鍵を落とす。「チャリン」と音がする。ジローが教えてくれる。会場から拍手が起きる。次は、目覚まし時計が鳴って聴導犬がユーザーを起こすデモンストレーションに移った。

彼が会場の中央に敷いた布団に寝て、目覚ましを鳴らす。するとジローが秋葉さんの上に乗って顔をぺろぺろと舐めはじめた。お客さんの拍手と歓声が上がる。

「へー。偉いわね」

隣で見ていた年配の女性が呟《つぶや》いている。

「いかがでしたか？　聴導犬はこうやって耳が聞こえない人を助けて、一緒に仲良く暮らしています。それでは、これで私たちのデモンストレーションを終了させていただきます。ありがとうございました」

再び大きな拍手が起きた。

その後、日陰に場所を移動して、それぞれの犬たちと会場に集まった客とのスキンシップおよび写真撮影が行われた。私は合間をぬって秋葉さんに声をかけた。

「盛況でしたね」

「ありがとうございます。なんとか無事に終えました」

いくら慣れているとはいえ、毎回、見学している人は違うから、緊張もあるのだろう。秋葉さんが私の声かけに、安堵の笑顔を浮かべていたのが印象的だった。

子どもたちが、うれしそうに聴導犬と触れ合っている。終始和やかな雰囲気で一時間程度のデモンストレーションは終わった。

ほとんどの方からは「聴導犬ってすごいですね」とか、「感動しました。頑張ってくださいい」と応援をもらえるのだそうだ。実際、私が見た今回のデモンストレーションも和気あいあいとしたものだった。

デモンストレーションを終えてくつろぐジロー

だが、ごくまれに「犬を働かせて可哀想だと思わないのか」とか「犬にストレスがかかっているだろう」と怒鳴られたりすることがあるのだという。

「訓練も楽しくやっているし、ユーザーと聴導犬が深い信頼関係、つまり良きパートナーでいなければ一緒に暮らすことさえできないことを伝えたいんですが、何しろ最初から話を聞いていただけない方には、説明することもできなくて。そういうときは、ユーザーの方と聴導犬の気持ちまで踏みにじられた気がして辛いですね」

具体的な会話のやり取りを思い出したのか、秋葉さんの穏やかな表情が一瞬、曇った。

「理解してもらうのに一番いいと思うのが、幸せそうに暮らしている聴導犬とユーザーの方の姿を直接、見ていただくことなんですけどね……」

日本聴導犬推進協会の事務所には、現在、聴導犬になるための訓練を受けている犬が、九頭いる。お邪魔する度に、いつも尻尾を振って出迎えてくれるし、吠えもしない。

大半の犬が保護センターで保護されている、いわゆる人に捨てられた犬なのに、訓練士との生活の中で人を信頼しているのが全身からひしひしと伝わってくる。ひと目見ただけで彼ら、聴導犬予備軍が幸せなのがわかる。

人には様々な意見がある。このことは、ひとつひとつ辛抱強く説明していくしかほかに方法はないのだろう。一方で、当の聴覚障がい者の方から、「自分はずっと聞こえないけど、聴導犬なんかいらない」といわれることもあるという。

すべての聴覚障がい者の方に聴導犬を持ってもらおうとは思ってないが、少なくとも聴導犬を持つことの利点だけは知ってほしいと秋葉さんは訴えた。

「実際にあるユーザーの方から聴導犬なんて必要ないし不自由もしないと思っていたけど、いざ聴導犬がやって来て、一緒に暮らしてみると自分がいかにずっと音のことを気にして、神経を張りつめて生活していたかがわかって驚きました、といわれたこともあるんです」

そのユーザーは誰かに頼ることがこんなに楽なのかということを知ったという。たとえば宅配便が来ないかと午前中ずっと気にしていたのに、聴導犬が教えてくれると思うと、その間、ゆっくりとした気持ちで読書ができるようになったのだそうだ。

「聴導犬と一緒に生活するようになって本当によかったです、ありがとうと笑顔でおっしゃられるのを見ると、つくづくこの仕事に携わってきて良かったなと思います」

聴導犬の育成機関は日本に二一ヵ所ある。

育成機関同士の横のつながりは、ほとんどない。それぞれがそれぞれの考えのもとに、聴導犬を育成している。

日本聴導犬推進協会では、「小型犬を聴導犬にはしない」という方針で進めている。というのも、聴覚障がい者の自立と社会参加のためのサポートとして聴導犬を考えているからだ。

小型犬だと、外へ出て行動をサポートする点で物理的に厳しいものがある。体力的にもそうだし、小さいために気づかれずに蹴《け》られたりする危険も生じるからだ。

聴導犬は日本全国に六九頭いる。盲導犬が九六六頭いる（数字はすべて厚生労働省発表。二〇一七年九月一日現在）のに比べるとずい分と少ない。でも、いたずらに増やしたいわけではないという。

もちろん犬とユーザーにとっていい形であれば、数が増えるのは望ましいが、無理しているペアが増えるのであれば、増やす意味がない。あくまでも良いパートナーシップをつくることが、すべての大前提だという認識だ。

秋葉さんが聴導犬の世界に入って八年目に突入した。

「今のこの少ない体制で、社会の聴導犬に対する認識を変えることは正直難しいと思っています。でも、急がばまわれではないですけど、将来の布石として、今は一歩、一歩、地道に日々の活動を続けています」

最後に、今の楽しみを聞いてみた。

「仕事上の楽しみですか？　ちょうどこの四月から正式に職員という形で一人、仲間が増えたんです。犬のことも障がいのことも今まで全く経験がなかった二四歳の後輩が入ってきて。彼にいろいろ教えていく中で、自分も今までの考えをあらためて整理することができるし、後輩が頑張って成長する姿を見ること自体もうれしいですね。それにそういった仲間が増えていかないと、いい社会はつくれないですから」

聴導犬の認知度がぐんと上がって、その考えに賛同する人が増え、その結果として寄付金が増える。そういう社会になるのが理想なのかもしれない。

少なくとも、秋葉さんが「好きじゃないとできない仕事」とわざわざいう必要がない環境になる。そうなれば、結果的に秋葉さんが追い求める社会に変わっていることだろう。

5 聴導犬になれなかったあづね

秋葉さんに何度かお会いしたり、メールのやり取りをしたり、デモンストレーションの見学をしているうちに純粋な疑問が芽生えていた。

——秋葉さんは、訓練士になるつもりはないのだろうか。

秋葉さんは訓練士の資格を持っていない。しかしもう勤務して八年も経つ。相当の知識もあるし、何より身近に水越さんたち訓練士のベテランがいる。わざわざ訓練士養成学校に通わなくても実地で勉強して資格を取ればいい。自動車学校に通わずに運転免許を取得するようなもので、難しいが決して不可能なことではない。狭い部屋にあるぶら下がり健康器ではないのだから、資格があっても邪魔にはならない。

実は、聴導犬を訓練するのに正式な資格は必要ない。ただユーザーと犬と一緒に聴導犬試験に合格させる必要があるので、資格云々は別としても技術的なハードルは相当高い。とても素人に務まるものではない。

犬にしつけをして音に反応させ、人に音を教える犬を育てることなど、とてもできないことだし、ましてや人と信頼関係を結んだ犬の育成なんてできっこない。

「秋葉さんは、訓練士の資格を取ろうとは思わないんですか？」

私が素朴な疑問をぶつけてみると、いつもは弁舌爽《べんぜつさわ》やかな秋葉さんの歯切れが悪い。その表情から察するに、何か表に出せない事情でもあるのではないか。私は微かな疑問を感じながら、彼の答えを待った。

「訓練士になりたい気持ちもゼロではないですけど、今は協会の整備や広報などを幅広くやったほうがいいかなと思っています」

聴導犬を通して社会をよくしたい。耳が聞こえない方のために、もっといい社会をつくっていきたい。秋葉さんは、そんな熱い思いをあらためて語ってくれた。

——うーん。何かが違う。なんだろう、この違和感は。

私は妙な引っ掛かりを覚えながら、「聴導犬になれなかった犬」というテーマで取材を開始した。

今回、登場する犬の名前は「あづね」という。今年で三歳になるが、協会にやって来たのは二年半前のことだ。ある団体を経由して「子犬がいるよ」と連絡を受け、福島県の会津市にまで会いに行った。

きょうだい三頭で山の中を放浪しているときに保護されたのだという。ハウスを開けたときに真っ先に飛び出してきたのが、「あづ」ことあづねだった。名前は会津から拝借した。生後二ヵ月で身長は三〇～四〇センチ、体重は三キロ。黒地に白がまじったボーダーコリー系で、物怖じしなくて、可愛かったので連れ帰って来た。

その後、体の検査をして寄生虫がいることがわかる。蛙や蛇を食べて生活していないと体に入ってこない類いの虫で、いかにたいへんな環境の中を生き延びてきたかが想像できる出来事だった。

あづねが引き取られてきた当初、協会では水越さんたち訓練士も別な犬を聴導犬にするべく、日々の訓練に追われていて、手いっぱいな状態だった。そこで世話を含めた担当になったのが、ほかならぬ秋葉さんだった。

「張り切って、ぼくが面倒をみますといったものの、『はたして大丈夫かな』という不安は正直、ありました」

それからは、ほかの訓練士たちと同じように夜は自宅に連れて帰って世話をする、文字通り二四時間、一緒の生活を送ることになった。

日本聴導犬推進協会にやって来たばかりのあづね

秋葉さんは先輩の訓練士たちに教えてもらいつつ訓練もやるが、先輩たちとは違って、専門的な知識があるわけではない。文字通り、見よう見まねで、あづねのしつけを行うことになった。

「まだこういうところができていないよ」とか「ここはもっとこうしたほうがいいよ」という指摘をたびたび受けた。今まで経験がないことをしているのだから、ある意味、仕方がないことでもあった。

「もっともできていないなと感じたのが、犬とのつながりの部分でした。自分勝手といったらいいんでしょうか、あづねに自分の気持ちをきちんと伝えられていない。コミュニケーションもよくなく、自分の中で、『こうしたい』という考えを、一方的に押しつけてしまうきらいがあったんです」

わかりそうでわかりにくい説明だったが、水越さんが補足してくれた。

「たとえばここに座っていなさい、伏せていなさいということを教えるとします。私たちだと割とほったらかしで必要に応じて軽く指示を出したりするのですが、秋葉の場合、『ああしなさい』『こうしなさい』『こうしなさい』『ああしなさい』と指示がすごいんです。傍《はた》から見ていても『もう、うるさい』って感じで。あれじゃあ、あづねもまいってしまう」

それに対して、秋葉さんが頷きながら言葉を継いだ。

「その通りだったと思います。そんな行動を取ったすべての原因は、自分に自信がなかったからでしょう。結果を出さなきゃという焦《あせ》りですね」

「焦り？」

「ええ。実は、ぼくが担当した犬は、あづねで四頭目だったんです。今まで三頭も見ていて、いずれもうまくいっていなかったから、次こそはという思いも強かったですし、前の犬での失敗を今度こそは生かしたい、そんな思いもありました」

なるほど。ようやく何か引っ掛かっている、もやっとしていた真の原因に行き当たった気がした。秋葉さんは訓練士になりたいという希望を持ちつつ、失敗を重ねてきていたのだ。そしてそれを取材中、私に「いおう、いおう」として、なかなかいい出せないでいたのだ。

「ぼくからすると、水越は訓練の師匠なわけです。師匠の目があるところで、ちゃんとしなきゃという緊張感がある。それが余計に犬の前で出ていたのかなと思いますね。むしろ犬というより師匠のほうに自分の意識がいっていたはずです」

正直に話ができたという安堵感なのか、秋葉さんは急に饒舌になった。

期待に応えようとしていた頃のあづね

おそらく秋葉さんは、あづねをきちんと育てることができたということを誰よりも水越さんに見てもらいたかったのだろう。

「今までうまくいかなかった分、今度の犬は完璧にしつけができたものにしなきゃと変に気負ってしまっていて。だから、たとえばまだそこまでの段階に来ていないのに、師匠の前ではいいところを見せようとあづねに無理な要求をしていたんですね」

百戦錬磨《ひゃくせんれんま》の水越さんにはすべてお見通しだったのだろう。それどころか、横にいるあづねが、そんな秋葉さんを煙《けむ》たく思っていることも。

「別にできないならできないで、理由があればいいんですよ。最初からうまくいくなんて思っていないし。そのかわり段階が見たい。ここまで進んで、この次はこういう過程を取ってここまでやりますと。順調に階段を上っているそんな姿を見せてくれればよかったんですけど、いつまでたっても変わらなかったんですね」

だからこそ余計に秋葉さんは水越さんが見ていると妙にそわそわしたり、あづねがうまくできないことに対して過敏に反応してしまったのだ。

そんな焦りから「こういうところができていない」と指摘を受けると、「でも、こういうところはできています」と反論をしてしまうことになった。

私は水越さんに聞いた。

「それで結局、どうなったんですか？」

「本人に、訓練士の適性はないよと伝えました」

いきなり直球の答えが返って来て、私はドキッとした。

「て、適性がないって、秋葉さん本人に面と向かっていったんですか？」

「ええ」

水越さんによれば、訓練士の適性は持って生まれたもので、訓練したからといってつくれるものではないという。どれだけ犬の気持ちを読み取ってあげられるか、犬の立場になって物事を理解してあげられるか。口を酸《す》っぱくしていったところで取得できるものではない。身も蓋《ふた》もないいい方になるが、要はセンスなのだそうだ。

不思議に思うのは、秋葉さんは私たちと話すときにいわゆるコミュニケーションが下手なわけではない。自分の言葉で、きちんと表現ができているし、むしろうまい部類に入るだろう。日本聴導犬推進協会の広報部分を担当しているのも、「さもありなん」と思えるほどの会話力だ。そんな彼が、「訓練士の適性はない」と断定される適性とは、どういうものなのか。「どれだけ犬の気持ちを理解してあげられるか」と水越さんは指摘したが、犬の気持ちを理解することと人の気持ちを理解することは別ものなのか。

その疑問を挟《はさ》むと、水越さんではなく秋葉さんが答えた。

「ぼくからいわせてもらうと、水越がいう『訓練士の適性』を持ち合わせている人って、この世にいったいどれだけいるんだって話なんです」

野球選手でも、単にプロになるていどのレベルでは適性がないと判断されて、イチローのような超一流選手のレベルではじめて適性があるといえる、そのくらい高いレベルを求められているのだという。

「水越がいう訓練士の適性がある新人が、協会の職員になって聴導犬の訓練士を務めてくれることは、もちろんぼくも望むところなんですけど、いったいそんな人っているの？って。ましてや今、収入が安定しない状況で、そういう人が入ってくる可能性なんて現実的にはほとんどないといっていい。そんな現状であるからなおさら、彼女がいうところの訓練士の適性はない人間でも聴導犬を育てられる方法を模索しなければいけないんじゃないかと、自分で犬の訓練をやりながら思っていたんですね。今後、訓練士を育成していくため、何かきっかけになるようなことを自分が身をもって会得しなければいけない、そうしないとこの協会は発展しない、そんな気負いもありました」

「私は、そんなことより、もしほかの適性があるのなら、それを伸ばしてもらったほうがずっと協会のためになると考えているんです。秋葉の場合でいえば、同じ時間をかけるんだったら、適性のない訓練士の真似事《まねごと》をやっているよりは、協会を立て直してもらうなり、協会の地盤をつくってもらうほうがずっといいじゃないかって」

いい方はきついが、たしかに正論だ。正論過ぎて反論の余地など微塵もない。そもそも訓練士の仕事がもっとも価値が高いという判断基準でいるから、そういう話になるともいえる。

「内田さんはどうなんですか？　訓練士として」

「秋葉よりはありますね」

内田さんとは、次の章で取り上げることになる訓練士の女性だ。取材のときは、秋葉さんのように質問にスパッと答えられるような人ではなかった。人とのコミュニケーション能力でいえば、秋葉さんのほうが数倍、高いだろう。しかし水越さんにいわせれば訓練士の適性とは、あくまでも犬とのコミュニケーションが取れるかどうかなのだ。

逆にいえば、人とのコミュニケーション能力が高い秋葉さんだから「自分だって頑張ればできるんだ」と考えてしまったのだろう。

ことになる。

一方、その犬が聴導犬になれるかどうかの適性は、一般的に生後半年くらいで見極める

こういうところを改善していかないと聴導犬にはなれないなとか、じゃあ、それを改善するためにはどうしたらいいだろうと考え、試行錯誤をしながら、今の段階だったらまだ訓練を進められるとか、こういう行動がもっと強くなって修正がきかなくなったら、これ以上は難しいなという判断を下していく。

半年経った時点で、「ちょっと微妙だな」と判断すると、さらに半年間、猶予《ゆうよ》を与えて一歳まで訓練を続ける。逆に適性があると判断した場合も同じように、その後も訓練を続けていくことになる。

どこかの時点で、「やっぱり聴導犬にするのは無理だね」と判断を下したら、「キャリアチェンジ」といって、新しい飼い主を募集して、いわゆる一般犬として一般家庭に引き取られていくことになる。きちんとしつけもされているので、キャリアチェンジした犬は、おおむね新しい飼い主には好評だ。

音を教えることは、どんなに過敏な犬にでも、逆に鈍感な犬にでもできる。問題は別にある。その時点で大丈夫だと思っていても、聴導犬になれない犬もいる。

たとえば電車やバスに乗る行動は問題がないが、閉鎖的な空間で待機していて、いきなりドアが開くと「ボフッ」と吠える習慣が抜けない、つまり外からの侵入者に対しての警戒心が強い犬がいた。その犬は結局、聴導犬にするのをあきらめることになった。

訓練をしている間、常に、「聴導犬として世の中に出しても大丈夫かな」と考えるという。だから、最終的な聴導犬としての適性があるかないかの判断には、「この犬なら外に出しても大丈夫」と思えるかどうかという犬への信頼度にかかってくる。

つまり太鼓判を押して出せる犬かどうかだ。「ほっといても大丈夫」と強く太鼓判を押せる犬、「ユーザーがきちんと目配りをしてくれれば大丈夫」という小さな太鼓判を押せる犬など様々だ。ただ合格という点では同じだから、そこまでいった犬だと、個性の範囲内にあるといいかえてもいい。

あづねに関しては、将来的に聴導犬として訓練を続けていくか、あきらめるかという判断を通常なら生後半年から一歳のときに下すものを、二歳まで延ばしたのだという。いったいどの点で、適性を見極めるのに支障があったのか、あるいは最終的な判断を躊躇させるどんな出来事があったのか。

「いや、そういうことじゃないんです。あづねに聴導犬の適性がないことは、とっくの昔にわかっていました。だけど、秋葉があきらめきれない顔をしていたんです。それなら、中途半端に終わらせるよりも、一度、本人が納得するまで徹底的にやらせてみようと考えたんです」

燻《くすぶ》っている火はきちんと消さないと、いつの間にかまた燃えはじめることがある。本人には気の毒だが、完全な鎮火を目指したということか。

「技術力の差は感じていましたが、きちんと時間をかけてさえやれば、自分にもやれるという自信はありました。少なくともあづねと一緒に成長していけば、何とかしてあげられるという気持ちがあったから、余計にあきらめられない口惜しさが残ったんだと思います」

長時間、一人でしゃべっているので、お茶でも口にするかと待ったが、秋葉さんはただちょっとだけ唾《つば》を飲み込み、続ける。

「訓練を重ねていくうちに、あづねが聴導犬やPR犬になるのはやっぱり難しいかなと思いはじめてはいたんですね。実際にそうなったときは、悔しさもありましたけど、むしろようやく冷静になれた気がした。当時は視野が狭くなっている分、この子は聴導犬あるいはPR犬にしてあげることが幸せ、だから何とかしなきゃと自分にいい聞かせてやっていましたから」

秋葉さんは冷静に述懐した。

「今思えばキャリアチェンジをして一般家庭に行ったとしても、幸せであることに変わりはなかったんですけどね」

ＰＲ犬になる犬は、適性でいえば聴導犬に近い。人見知りをしないとか穏やかな性格という点では似ている。最終的にＰＲ犬でとどまることなく聴導犬になることができる犬は、恐怖心を克服する力を持っている。

一方、ＰＲ犬にもなれない犬は警戒心が強すぎる。仕事の性質上、どうしても見ず知らずの人に声をかけられたり、触られたりする機会が多くなる。そこに強いストレスを感じる犬は、家庭犬におさまるしかない。


あづねは、秋葉さんのもとで二年にわたって訓練を続けたが、結局、聴導犬にもＰＲ犬にもなることができず、普通のコースよりもずっと遅れて一般家庭に引き取られていった。その分、秋葉さんの失望も大きかった。

「一連の中で、どのときが一番切なかったですか？」

私は秋葉さんに訊ねてみた。

「切なかったときですか？」

「ええ」

「もっとも切なかったのは、『人も犬も適性なし』っていわれたときです」

身も蓋もない物言いに笑ってしまいそうになった。彼も同じ気持ちだったようだ。

「ホント泣きそうでしたよ」

そういいながら、照れ臭そうに笑っている。

「で、あれですか？　あづねと一緒に呼び出されて」

「いや、いや。別々ですよ」

秋葉さんとあづねが一緒に水越さんから放課後の教室に呼び出されて「あんたたち二人とも適性ないからね」といわれて、うな垂れている姿を勝手に想像してしまった。

「実は、そうはっきりいわれても、当時はなかなかあきらめがつかなかったんですけどね」

秋葉さんは淡々という。そういう性格をよく知っていたからこそ、水越さんはあえてはっきりいったのではないか。

「やっている本人にとってつらいことだというのはわかるけど、でも、はっきりいわないとあきらめがつかないところもあるから、あえていいました。神妙な面持ちで話してはないですよ。『もう秋葉氏、適性なし！』みたいな感じです」

その話を聞いていた秋葉さんが言葉を継ぐ。

「でも、その言葉を聞いてさえも、まだその後、一年ぐらいは『何くそ』という思いがありましたね。もともと訓練士をやりたくて職員になったので、『訓練士の適性なし』という言葉はすごくショックでしたが、だからといって『はい、そうですか』と簡単にあきらめたくなかったんです」

それで、その後もあづねと二人してぐずぐずと訓練を続けていたという。


そして本当の別れの日がやって来る。

「寂しい気持ちはあまりなかったですね。その頃になるとぼくもようやく、この子は一般家庭に行くほうが幸せなんだよなと素直に思えるようになっていましたので。もちろん、二年間ずっと一緒でしたし、最後の砦《とりで》みたいな存在であったのもたしかですから、離れる寂しさはゼロではないですけど、それよりも早く新しい家族に嫁いで幸せになってほしい、そんな感じでした」

一般家庭に引き取られていったあづね

気負っていた分、解放された喜びも大きかったのだろう。「楽になった部分があったのはたしかです」と本人は述懐する。気が済むまで、あづねと訓練をともにしなければ、今でも中途半端な気持ちを抱えたまま、ぐずぐずとしていたかもしれないのだ。そういう意味では、水越さんの判断は正しかったことになる。やさしいだけがやさしさとはいえない、ということだろう。

「ただ将来、協会が安定するようになったあかつきには、本当にやりたかったことをやってみたいなという気持ちはまだ持っています。お金もあるし、人も増えたという状況下で、遊び半分でやってみたいですね」

秋葉さんは、自分のセリフで何かに気づいたように表情が明るくなった。

「そう。だから逆に、遊び半分ぐらいのほうがうまくいくと思うんです」

秋葉さんの表情が、ますます生き生きとしてきた。

「協会のためとか、聴導犬のためとか、いろんなものを背負って必死になってやっているときって、全然だめなんですけど。でも、そういった責任から解放されて、ある意味、無責任な立場で犬と向き合っていると割とうまくいくことって多いんですよー」

いやいや、秋葉さんはまだまだ口でいうほどあきらめていない。燻《くすぶ》っている「ぼくもできる」精神は、どうやら完全には鎮火していないようだ。私がそう思うより早く水越さんがぴしゃりといった。

「たぶん無理だと思います。そこでまた『今度こそ聴導犬にしなきゃ』って絶対に気負うから。五〇歳になったら肩の力が抜けていいって本人はいっているけど、本人の性格上、『よしっ。五〇歳になったから今度こそはやるぞ！』みたいに必ずなるので」

「なるほど、たしかに」

私は水越さんの厳しい言葉に頷きながら、ふと先日、東京ソラマチで見たイベントのことを思い出した。

あのとき秋葉さんはPR犬を従え、立派にデモンストレーションを行っていた。ジローは鍵を落とした音を秋葉さんにきちんと教えていたし、目覚ましが鳴ると布団に寝ている秋葉さんの顔をぺろぺろと舐めていた。

ジローは何の問題もなく、いわゆる聴導犬がやる行動をしていたのだ。秋葉さんは普通に訓練することができている。そういえば、訓練所で秋葉さんは家庭犬などのしつけなどを何の問題もなくこなしていた。

——水越さんがいう訓練士の才能って、いったいどれほどレベルが高いんだろう。

最初は水越さんの「秋葉には訓練士の適性はなし」という言葉を素直に信じていたが、「ひょっとすると秋葉さんの意見のほうが正しいのかもしれない」と思い直していた。彼の一〇年後が楽しみになった。

6　ジェイが訓練士を育てた

新しい訓練士を紹介してもらうため、日本聴導犬推進協会が事務所として使用している一軒家の二階で、水越みゆきさんと広報担当の秋葉圭太郎さんと三人で待っていた。「もう来ると思います」という秋葉さんの言葉に、少し居住まいを正す。初対面で、女性ということしか情報はない。

階下から一段、二段とゆっくり上ってくる気配があった。「来たみたいです」と教えられ、心持ち緊張して座っていた椅子に深く座り直した、ちょうど、そのときだった。

突然、「ガチャーン」と絵に描いたような派手な音が聞こえてきたのだ。皿か何かが割れたような嫌な音だ。階下から（あっ、やっちゃった）とひとりごとのような、ひそひそ声が聞こえている。水越さんが、（まただー）という、ちょっと呆《あき》れた表情になって立ち上がり、階段の上から「うっちゃーん。いいから早く上がって来なよ」と声をかけた。

「うっちゃん」こと内田敦子さんは、日本聴導犬推進協会の育成事業部でトレーニンググループに所属している訓練士。この道、一五年目のベテランだ。

彼女の経歴は少し変わっている。高校を出てすぐに東京にある犬の訓練士養成学校に入学した。張り切って学びはじめたものの、一年半ほど経ったときにその学校が倒産、志半ばで放り出される格好になった。どうしようかと途方に暮れていたとき、ある伝手《つて》で地元のNPO団体で聴導犬の訓練士の手伝いをすることになった。

そこで知ったのが、藤井多嘉史さんが学長を務める日本訓練士養成学校の存在だ。「やはり訓練士の資格を取ろう」とNPO団体を辞め、再び訓練士養成学校に入り直し、卒業後、この協会で聴導犬の訓練士として歩みはじめる。つまり彼女は、結果的にふたつの訓練士養成学校と聴導犬の訓練施設を経験することになった。

日本訓練士養成学校は、彼女の肌に合っていた。以前いた東京の訓練士養成学校では、九時から授業を受けて、夕方前に「おしまい」となる。犬もいるにはいたが、学校が管理している冷たい印象を受けた。だが新しく入り直した学校では、朝から犬の世話をする当番があるし、自分が担当する犬もできた。文字通り、朝から晩まで犬とのつきあいが続き、大の犬好きの彼女からすると、授業の内容もいいし、やりがいもあった。そこで知り合ったのが、水越みゆきさんだ。数年、先輩にあたる。

内田さんには、学生のときから明確な希望があった。

「働く犬を育てたい」というものだ。訓練士が教える犬には、聴導犬や盲導犬のような働く犬と、犬の競技会に参加して成績を競ういわゆる訓練犬がいるが、前者を自分の手で育ててみたいという憧れを抱いたのだ。

聴導犬と訓練犬とは、同じしつけをするにしてもまったく別ものと考えていい。訓練犬だと、競技をしている一〇分間だけ集中力を高めて匂いを嗅ぐといったパフォーマンスをやることが重要になる。逆にいうと、普段が立派でも肝心なときにいいパフォーマンスをしなければ意味がない。一方の聴導犬は、二四時間をベースにして物事を考える。求めているものが違うし、求められている時間の流れも違うのだ。

「すみません。お待たせしました」

内田さんがようやく二階に上がって来る。両手に抱えたお盆の上には、四人分の冷たいお茶が、学食にあるようなプラスチックの割れないコップに入れられている。先ほど派手な音がして割れたのは、どうやらコーヒーカップのようだ。

しかしそのことがあったからか、私は取材をはじめる前から近しい気持ちで接することができた。手短に挨拶をした後、彼女が訓練士を希望した経緯から現在の心境まで伺った。

内田さんが最初に任されたのが「ジェイ」というボーダーコリー犬だった。

もともとジェイの母親にあたる犬が、しつけ教室のモデル犬としてあちこちのデモンストレーションに参加していて、その犬が産んだ四頭のうちの一頭がジェイだ。ほかの三頭はすぐに引き取られていったが、残念ながら見栄えの悪さもあったのか、ジェイだけは誰にも引き取られず訓練所に残って、そのまま育てられていた。

聴導犬の適性があったから残したのではなく、残ってしまったというのが正しい。訓練も内田さんの手がたまたま空いていたから、「じゃあ、うっちゃん。育てて」となった。

まず「音」の訓練をはじめた。デモンストレーションに赴くため、音に反応する訓練をする。社会に出ていく上で必要なことを教えるために、バスや電車に乗って、デパートに買い物に行き、食事をして、おやつを食べて、また帰って来る、といった一連の行動も行った。

最初は、先輩の水越さんにくっついて歩く。しかし二年間、訓練士養成学校でみっちり教えてもらっているし、倒産した前の学校を合わせると三年半という長きにわたって犬のしつけについて学んできたので、自分にもできるというそこそこの自信があった。

引き取り手がなかったジェイ

そんな内田さんにとって大きな転機になる出来事が起きたのは、ジェイを担当して間もない、ある昼下がりのことだった。内田さんは訓練のため、水越さんと一緒に外出していた。水越さんが自分が育てている犬を、内田さんはジェイを従えている。

「先輩、ちょっと疲れましたね」

「そうだね。お茶していこうか」

二人は喫茶店に入るとテーブルに向かい合わせに座って注文をする。やがてコーヒーとケーキが運ばれて来た。

「いただきまーす」

二人は両手を合わせ、目の前にあるケーキにフォークを入れた。

「美味しい！」

「先輩、このケーキ、最高ですねー」

そのときジェイが内田さんの足の間から顔を覗《のぞ》かせたのだ。

（ねえ、ねえ。何、食べてるの？）

まるでそういわんばかりに激しく尻尾を振って、今にも目の前にあるケーキにパクッと食いつきそうな勢いだ。

「ジェイ、ダメよー」

内田さんがしきりになだめてテーブルの下に戻そうとするが、何度やっても彼女の足の間から顔を覗かせるのをやめない。水越さんは目の前にあるケーキをゆっくりと味わうように口に運んでいるのに、内田さんは味わうどころの話ではない。

——そういえば、水越先輩の犬はどうしたんだろう。

気になった内田さんがテーブルの下をのぞくと、彼女の犬は、床に寝そべって寝ている。横にいるジェイの興奮などわれ関せずで、寝息さえ立てているのではないかと見まがうばかりに静かだった。

「すごくショックを受けましたね」

二人は、それぞれの犬に対して、「伏せ。待て」の指示を出した。しかし内田さんが担当しているジェイは、その状態をキープできていない。一方、水越さんの犬は、「伏せ。待て」をするどころか、リラックスして足元で寝ているのだ。

——いったいこの差は何だろう。

内田さんは、激しく尻尾を振り続けるジェイをなだめながら考え込んでしまった。

「自分が教えた犬と、先輩が教えた犬では、まるっきり違ってたんです」

しかも内田さんが訓練しているジェイのほうが、水越さんが担当している犬よりもずっとキャリアは長い。

「とにかくすごく不思議だったんですよ。『寝ろ』といわれて、『はいそうですか』と簡単に寝るものでもないことも十分に理解していました。それなのにどうして先輩の犬だけ、悠然《ゆうぜん》と寝ることができるのかって」

彼女も、自分なりにいろいろ勉強して、そこそこ知識もつけてきたという自負があっただけに余計、圧倒的な差を前にしてショックを受けたのだ。

「それで、すごく興味がわきました。先輩に」

犬ではなく先輩にというところがおもしろい。

「それで、頑張ろうって感じになったんですか?」

私がそう質問すると、内田さんは「うーん」と振り絞る声を出した。

「本当は悔しかったですね」

「えっ、悔しい?」

「だって先輩の犬は、その場でちゃんと寝ているんですよ。あんな場所で」

ここで問題なのは、犬に、いわゆる応用力があるかどうかなのだろう。

犬が物事を根本から考えることができていれば、いちいち指示をしなくても、犬のほうで「ここはこうすべきだ」と勝手に判断ができるようになる。

ジェイはそのときどうして自分が「伏せ」をして「待って」いなければいけないのか、理解していなかったから、ついフラッと足の間から顔を出してしまったのだ。おまけにテーブルの上に食べ物があって「食べたい、食べたい」という意識でいるのを、「待ちなさい」とストップをかけられているのでストレスもかかっている。

一方、水越さんの犬は、「飼い主も休んでいることだし、自分も一緒に休んでおこうかなー」という意識でいるのでストレスもなく、のんびり横になることができている。

最終的には「待て。伏せ」と同じ動作をしたとしても、指示されてしたものと自発的にしたものとでは、犬の気持ちがまったく違う。


「犬になる」「犬に寄りそう」「犬と向き合う」

内田さんは、水越さんからこの三つを口を酸っぱくして教えられ、「二四時間、犬と一緒にいなさい」とアドバイスされたという。水越さんいわく、犬にトイレのしつけをさせているときでも、何げなく触っているときでも、そのひとつひとつが訓練する上で、いかに大事なことなのかということを学んでほしかったのだそうだ。

実際、一日中、犬と一緒にいると「犬になる」「犬に寄りそう」「犬と向き合う」という先輩の言葉が実感として理解できるようになった。いろいろな場所で「耳が聞こえない人には、こういう不便なことがあるんだな」とハッと気づくようにもなった。


ちなみに、犬にどのように「音」を教えていくかについて簡単に触れておきたい。

基本は、どこにでもあるキッチンタイマーを使う。まずタイマーの上に、犬が大好きなおやつを置いてセットして、犬を一メートルくらい離した場所で押さえておく。

当然、おやつのある場所に行きたいという意識がそちらに向かう。そこで音を鳴らし、鳴っている状態で、犬から手を離す。するとお預けを食らっていた格好の犬は、一目散におやつを食べに行く。それを繰り返す。つまり音が鳴ったら、おいしいものがある場所に行けるというイメージを植えつけるのだ。

次にタイマーが鳴っている間、上からタイマーの上におやつを落とし続け、さもタイマーからおやつが出てきたようなイメージを持たせる。犬は、音が鳴っているタイマーの上に落ち続けるおやつをパクパクと食べる。

音が止《や》んだらおやつを落とすのを止める。タイマーが鳴っている間、そこから一万円札がいっぱい出てきますよというと、みんなが無意識のうちに音が鳴るタイマーを探すのと同じ要領だ。

次の段階として、タッチすることを教える。それができたら音を探しに行くこととタッチする動作を結びつける訓練を行う。まず音を探してタイマーのところに向かう。しかし、いつものようにはおやつが出てこない。「あれっ、おやつ出ないじゃん」と思って犬が振り返ったときに、「こっちおいで」と呼んで「タッチして」といってタッチさせる。

タッチをしたら犬はまた「おやつ、おやつ」と音がするタイマーのほうへ向かって行く。そこで初めておやつをあげる。

「音を探して、呼びに行き、音が鳴っている場所へ連れて行く」

一連の流れが、犬の頭の中にきちんとできあがる。それをタイマーの音からはじめてノックする音やインターホンの音、あるいはやかんの音でも同じやり方で教えて、レパートリーを増やしていく。

水越さんに熱心に指導を受けたのは、「なあなあでやっていると、いろいろな場所でそのクセが出てしまうから注意しなさい」ということだった。

「止まっていなさい」といったときに、犬の足が一歩動くことを「まあ、一歩だから」と甘く見てしまうか、そうしないかの差は大きい。犬は一歩出てもＯＫだとされると性質上、二歩、三歩と動いても大丈夫なのだと理解してしまう。

内田さんは、そんなしつけの場で、しっかり注意することができず、それどころかつい可愛くてデレデレしてしまうことがあったらしい。

「うーん、だめじゃーん」とつい猫なで声でいってしまう。

するとすかさず水越さんから、「何が、『だめじゃーん』だよ。早くちゃんと注意しなよ。だめに決まっているでしょう」と注意をされる。

「訓練を終えた夜、泣きながら車を運転して家に帰ることなどしょっちゅうでした。悔し涙ですよ。悔し涙！　自分と先輩の技術の差を見せつけられたら凹《へこ》みますし、それに、それに！　そんなに怒らなくてもいいのにということもいつもだったし。もう私は、いろいろ悔しいのですよ」

水越さんから出された課題を、家で犬にやってみる。その様子をビデオカメラを回して、翌週、チェックしてもらう。すると「まったく、何もできていないんだから」ときつくいわれてまた悔し泣きしながら、家に帰って再びしつけをし直すという繰り返しの中で、徐々に技術を身につけていった。

「内田さんにとってうれしい瞬間って、どんなときですか？」

「うーん。自分にない知識を得て、それが頭の中でクリアになったときかしら」

聴導犬との結びつきがどうとか、ユーザーとの会話がどうとかではなく、単に先輩に褒められたときが一番、うれしい。自分が尊敬する技術を持っている人から褒められたら、そりゃうれしいでしょう、ということらしい。

「手塩にかけて育てた犬が、聴導犬の認定試験で合格したときはどうですか？」

「そりゃあ、そのときもすごく喜びますよ。もちろん」

何も知らなかった犬が、まずはノックの音を覚える、それからやかんの音も知らせるようになる。一緒にいろいろなことを覚えていって、晴れて試験に合格する。その過程に充実感を覚えるのは、訓練士としては当然の心境といえばいえるだろうが、かつて水越さんに同じ質問をしたときは、まったく違う答えが返ってきた。

「あくまでもそこがスタート地点ですね。そこからちゃんと働いてくれるかしら、ユーザーの方と仲良くやれるかしらという不安が常につきまとっていましたね」

同じ訓練士でも、目指すものが違うのだろう。内田さんは屈託《くったく》なく言葉を続ける。

「むしろユーザーから、『この子（犬）のためにこんな食器を手作りでつくってあげたのよ』とか、その方が、私が育てた犬をいかに大事にしているかというお話をしていただいたときが本当にうれしいかな」

聴導犬の訓練士というとすぐに社会的使命感という言葉が浮かぶ。実際、たいていの人がそれを心の糧《かて》にして訓練を行っているのだろうが、必ずしもそういう人ばかりではない。彼女のように自分が育てた犬が、きちんと仕事をして、飼い主さんからも可愛がられて、幸せに暮らしている姿を見ることが、何よりのやりがいになると思う人もいる。みながみな、同じである必要もない。

内田さんは、いかに自分が育てた聴導犬が飼い主に大切にされているかについてひとしきり話をした後、急に「でも」といって、何かを思い出すようにふと呟いた。その表情の落差に一瞬、心臓がドキンと打った。

「耳が聞こえない方とのつきあいって、難しいなって悩むこともあります」

障がい者でなくても同様の問題は起きうるだろうが、障がいを抱えている故に生じる苦悩もある。そういうときにどう対処したらいいいか、今でもよくわからないのだという。

「頑張ります」と明るい顔でいわれて、一緒に物事を進めていても、翌日になると「面倒くさい」とぷいと横を向かれることがあるという。ひどいときは「もう犬の世話もしたくありません」といわれてしまう。その度に相手の態度に翻弄《ほんろう》されることになる。

人と人とのつきあいだから当然、きれいごとですまされない面も多々ある。ただ、相性の問題だからと済ませることができない場合も出てくる。あまりにひどい場合だと聴導犬を渡すべきではないという判断をしなければいけない。犬のためだ。

訓練士は聴覚障がい者に自分が育てた犬を渡すことがメインの仕事になる。当然、聴覚障がい者のことをきちんと考えなければいけないと同時に、犬のこともきちんと考えていかないといけない。機械ではなく、感情がある生き物を渡しているからだ。

もっといえば聴導犬の訓練士は、犬だけを訓練すればいいわけではない。一緒に住むことになるユーザーにも、聴導犬と一緒に暮らすとはどういうことかをきちんと伝えられて初めて立派な訓練士といえる。

ユーザーの性格によっては、犬に音を教えてもらうメリットよりも犬を世話するデメリットのほうが大きくなる場合もある。そのときは聴導犬と一緒に暮らすよりも補聴器のような補助具をつけてコミュニケーションをはかったほうがいいと判断することもある。

ユーザーに犬のことを理解してもらわないと、犬もこの人のために働いてもいいと思わなくなる。必然的に生活がギクシャクしたものになってしまう。

「この音は教えたほうがいいですか？」

新しい音が鳴って犬がそんなふうに聞いてくれたのに、ユーザーが何の反応も示さない。そんなことを繰り返していたら、犬だって働くことに喜びを感じなくなる。

「この音は次回からは教えてくれなくても大丈夫よ。ありがとね」

そんな感じで、どの音が必要で、どの音が必要でないのか、ひとつひとつていねいに教えてもらって初めて犬も安心できる。

「そうだね。この音は大切だから、次からも教えてね。どうもありがとう！」

そう褒めてもらって、ハグされて、犬にもやりがいが生まれる。

そういった積み重ねが、犬と人との絆を強くしていくことになるのだ。

訓練士としてだけではなく、犬の保護者としてユーザーに必要なことはきちんとやってもらうようにお願いするし、日々の暮らしの中で犬を大事にしてもらうようにお願いする。

なぜなら犬たちのことを一番に考えられるのは訓練士だからだ。

「それで、ジェイは最終的にどうなったんですか？」

「私が引き取りましたよー」

「えっ、自分で引き取ったんですか？」

「そうですよー。ふふふっ」

ジェイはたまに聴導犬のPRのため、デモンストレーションに出て行くことはあったが、基本的には、「内田さんが音の訓練をする勉強のための犬」という役割を持って彼女のそばにいたのだそうだ。

結局、ジェイは聴導犬の認定試験さえ受けなかった。

普通、そういう犬はたいてい新たな飼い主を募集して譲ることになるのだが、内田さん自身が引き取った。とても珍しいことだそうだ。自分が初めて育てたという思い入れもあって、そういう経緯になったのだろう。

聴導犬にさえなろうとしなかったジェイ。いや、正確には聴導犬になれなかったというべきだろう。何しろ音を知らせるよりも前に「ねえ、ねえ。何を食べているの？」と内田さんの足の間からテーブルの上のケーキをのぞくような犬なのだ。それに「だめじゃーん」と甘い言葉で叱る内田さんだったのだ。

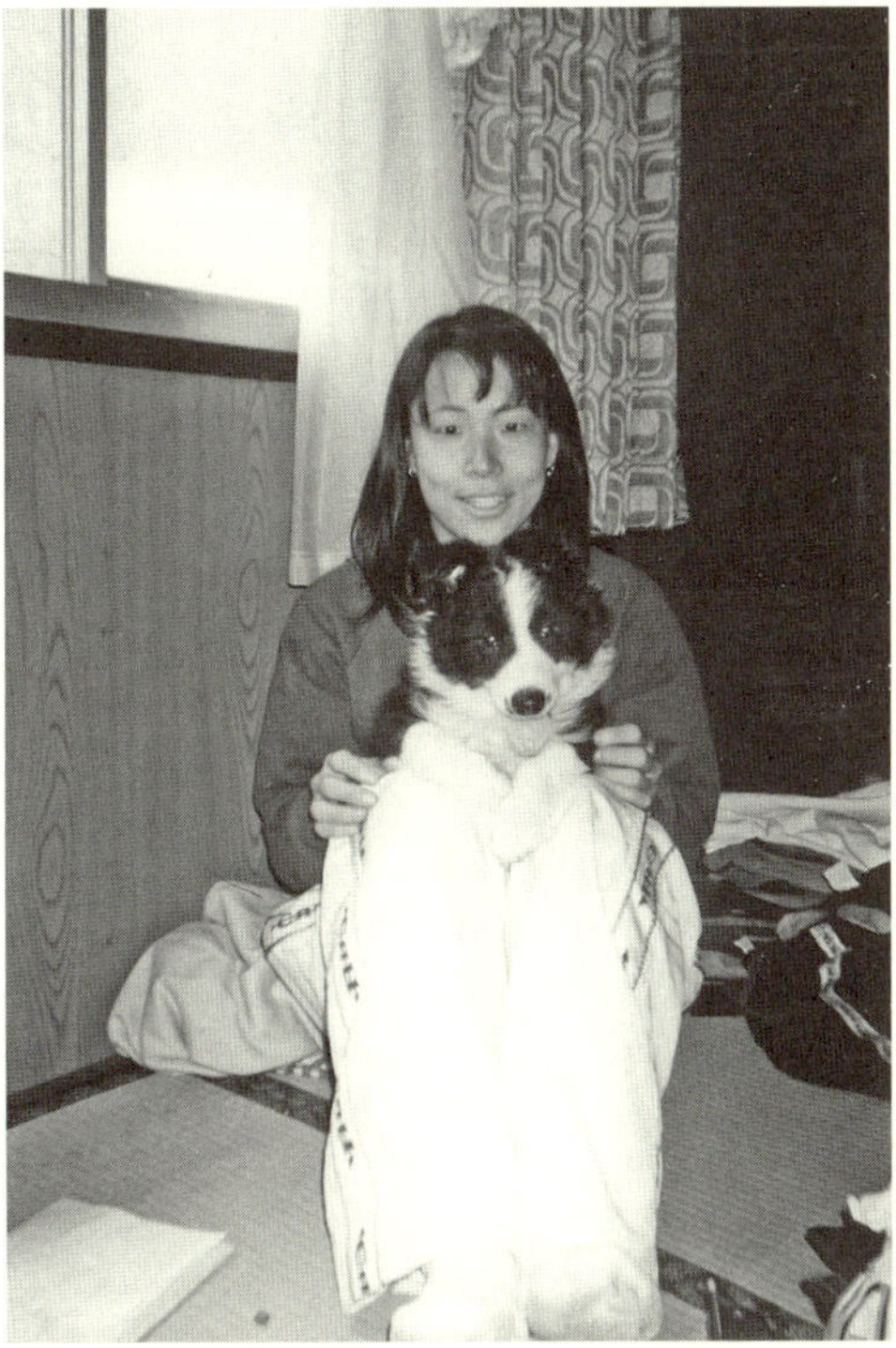

内田さんに引き取られたジェイ

それから一五年、内田さんは水越さんも認める立派な訓練士になった。

しかし、ひとつだけ確実にいえることがある。内田さんは、ジェイがいたから成長することができたのだ。逆にいえば、聴導犬になれなかったジェイのもっとも大きな役割は、内田さんを成長させることだった。


ジェイは二年前に亡くなった。

そのことに関して、内田さんはなぜか多くを語らなかった。語らないから余計に喪失感が深いのだと知ることになった。

私には、ジェイが亡くなったときの彼女の声が聞こえてきそうだった。

「えーっ、ジェイ。死んじゃったの？　だめじゃーん。先に死んじゃってー」

そういって、いつまでも号泣し続ける内田さんの声が。

＊Ⅲ＊

ユーザー

遠くの音に耳を澄ます聴導犬

「ぼくの耳は大きいの」のあみのすけ

（1章と9章）

初めての

雪にびっくり

意《い》気《き》揚々《ようよう》と散歩中のあみのすけ

理想の聴導犬
ブランカ
（3章）

すっかり凛《り》々《り》しく

まだやんちゃだった頃

聴導犬になれなかったあづね（5章）

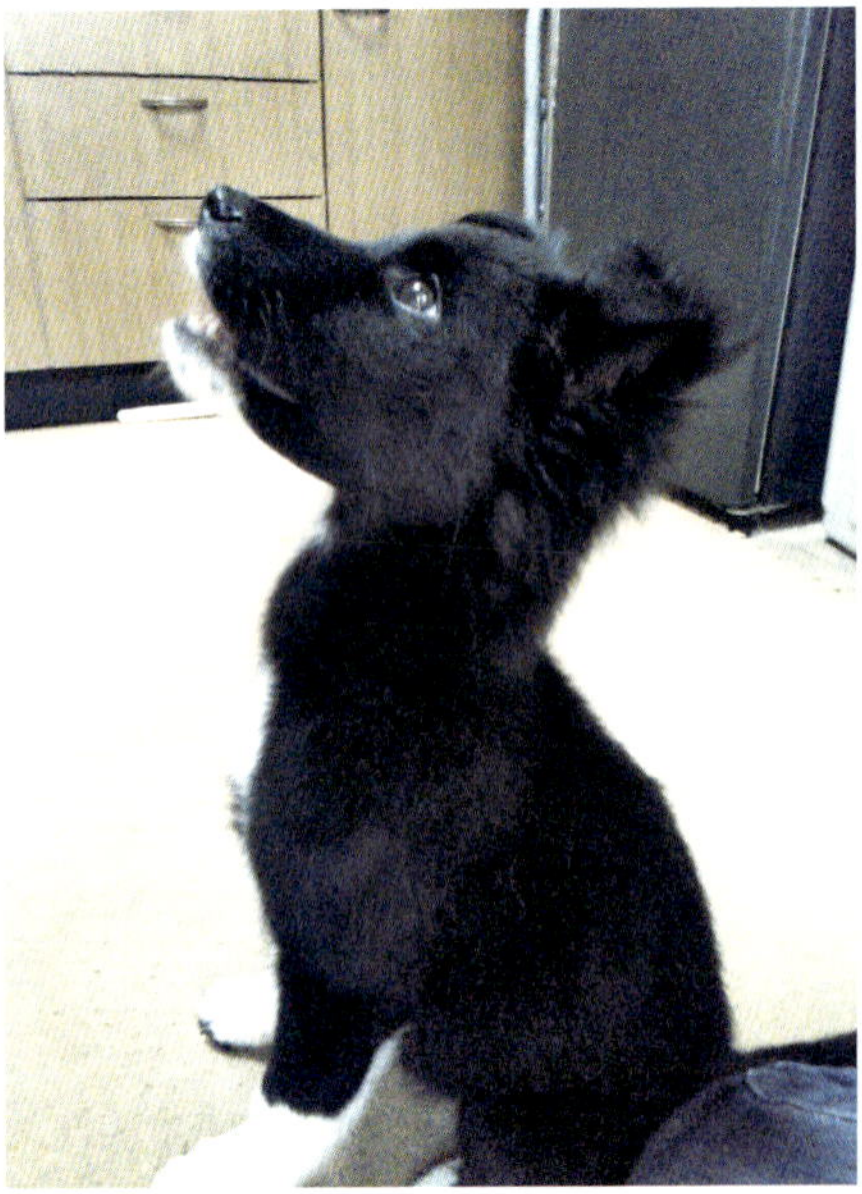

音を熱心に聞く
あづね

ケープを着て
カメラ目線

訓練士を育てた ジェイ（6章）

ほかの兄弟はすぐに引き取られた

よく食べ物を欲しがったジェイ

引退するレオン（7章）

大人になった
レオン

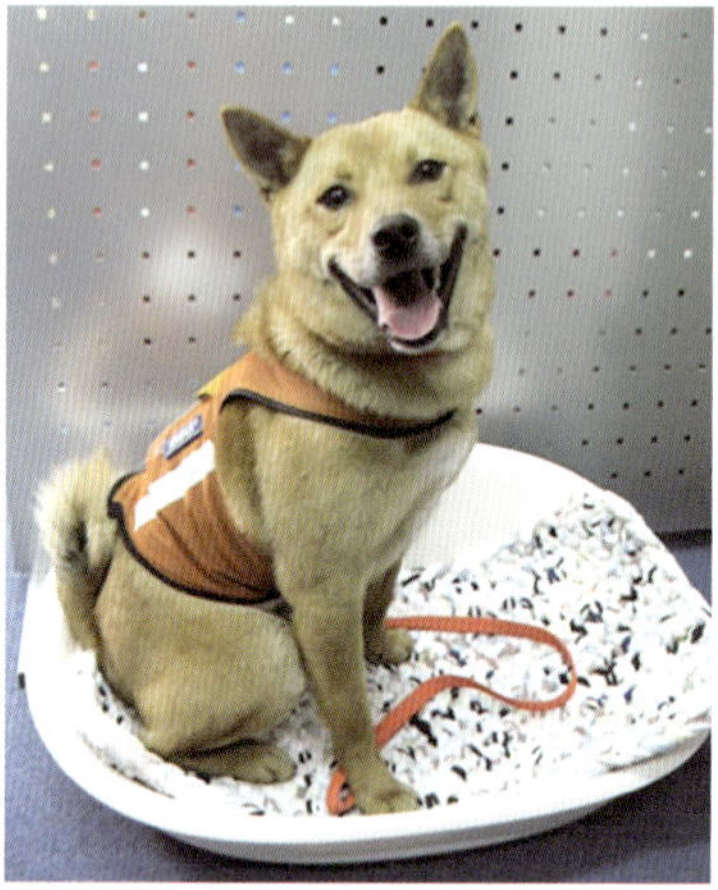

お気に入りの
場所でくつろぐ

レオンから バトンタッチされる アーミ （7章）

ホームで

伏せをするアーミ

家庭ではすっかり人気者！

楽しい音を教えるために

7
バトンタッチしたレオン引退の日

聴導犬「レオン」のユーザーである安藤美紀さんは大阪府内で暮らしている。「障がい児の学ぶ場を増やしたい」「聴覚障がいと聴導犬を学ぶ機会を増やしたい」という思いから、二〇〇四年に特定非営利活動法人（NPO法人）MAMIE（マミー）を立ち上げた。主に聴覚障がい児向けの塾や障がい児、障がい者向けのパソコン教室や絵画教室などを開催しているが、今や全国各地で聴導犬に関する講演会を行い、テレビに出演するなど、ちょっとした有名人だ。

安藤さんは鹿児島県で生まれた。父親は遠洋漁業の船長で、一度、船に乗ったら二年近く戻って来ない。その間、母親が一人で安藤家の留守を預かり、息子と娘を育ててきた。かわいい一人娘である安藤さんに、先天性の聴覚障がいがあるのが発覚したのは、彼女が二歳のときだった。

――将来、この子が不憫《ふびん》な思いをしないように私がきちんと育てる。

そう固く決心した母親は、耳が聞こえない娘に言葉を覚えさせるためスパルタ教育を施

しれない。

す。父親が不在がちで、ふだん母一人という事実が、よけいに彼女の背中を押したのかも

「あの家は父親がいないからダメだ」と、後ろ指を指されないようにと気負ったとしても

不思議ではない。実際、聴覚障がいが発覚した二歳から五歳になるまで、兄を近所のおば

夫婦の家に預けて、母と娘の二人きりの生活を送るほどの熱の入れようだった。

タンスの引き出しには「たんす」と書かれた紙がある。鏡には「かがみ」、トイレには

「といれ」、まな板には「まないた」、テレビには「てれび」、机には「つくえ」……。家の

中に存在する、ありとあらゆるものに手書きのカードがべたべたと貼られていた。

「みきちゃん、いい？　これは『た』、『ん』、『す』」

母がたんすとカードを指さし、口を大きく開く。安藤さんは母の顔と口の形を見ながら

懸命に口を動かす。

「た」

うまくいえると、母は笑顔で頷《うなず》いてくれる。安藤さんは自分が口にしている言葉が聞こ

えないから、合っているかどうか、確認のしようがない。だからなかなか学習できない。

耳が聞こえる人からすると想像を絶するほどの時間が必要になる。

前回はうまくいえたのに、今回はうまくいえないということもたびたびあった。耳が聞こえないので、舌や鼻、喉の鳴らし方で覚えたりすることもあった。

「ん」

――そうそう。

母が笑顔になるのを見て、安藤さんはほっとする。あとは最後の言葉だけだ。精一杯母の真似をして口を開いた。

「つ」

笑顔だった母の顔が見る見る険しくなったかと思うと、グーパンチがお腹に入った。

「覚えていないとこうやって私のお腹をゴーンとつくのよー」

幼い頃のことを回想して話をしている安藤さんが、わざと大げさにお腹にパンチが入る真似をして見せる。まるでお笑い芸人のようなユーモラスな仕草に思わず笑ったが、子どもの彼女にはとても笑える状況ではなかったはずだ。

夕飯のときもテーブルに並んでいるおかずを全部いえないと食べさせてもらえなかった。

「にんじん」「ごはん」「さかな」……。

「みきちゃん、いい？　これは『さかな』というの。いってみて。この間は、ちゃんといえたでしょう」

安藤さんは頷いて口を開く。

「さ」

「そうそう」

「か」

「そうよ、偉いわねー。最後は？」

「にゃ」

安藤さんは愛嬌のある顔で、再びパンチをする格好をして見せた。

「そこでもうまくいえないとパンチが入るわけ。もう怖かったねー」

サービス精神旺盛な安藤さんが、先ほどから大げさな身振り手振りで、あくまでも冗談として話をしてくれている。

最近問題になるような虐待という雰囲気は微塵《みじん》もない。おどけた表情で語って聞かせる彼女からは、子どもの頃を懐かしがる様子しか伝わってこない。

それでも、当時の彼女には辛いことだったはずだ。実際、うまく言葉にできずに泣いてしまうことなど、しょっちゅうだった。

ある日、隣の家に住む老女が窓を開けて「もうそこまでにしたらどうですか」といって来たことがあったという。「かわいそうよ。聞いているこっちまで辛くなる」と懇願したのに、母は「口出ししないでください」といってビシャッと窓を閉めたという。

もし老女のクレームを受け入れて、言葉を教えるのを止めていたらどうだろう、あるいは娘が泣くのが可哀想だと教えるのを止めていたらどうなっていただろう。たしかに一時的には幸せかもしれないし、彼女自身も楽だっただろう。

しかしそのときは楽だったとしても将来、ずっと悲しい思いをし続けるのはほかならぬ娘自身だ。だから娘のためにも決して手を抜いてはいけない。

そんな確固たる思いが、母親の胸にあったはずだ。

——そして母の苦労は実を結んだ。

私は取材をしながら「お母さんのおかげだ」と思った。なぜならおよそ先天性の難聴者とは思えないほど、安藤さんが発する言葉が聞き取れるからだ。手話通訳者の手を借りなくてもかなりの部分が理解できる。まさに母親によるスパルタ教育のおかげだ。

だからこそ大人になった安藤さんは、自信を持って人前で話ができるし、現にこうして今、私の取材に対して一般の人よりはるかに饒舌に自分の発声で答えられている。

話は少しそれるが、安藤さんによると、明石家さんまの話は口だけ見ていても速すぎて理解できないが、アナウンサーの口の動きは比較的わかりやすいらしい。先日、取材で日本テレビの桝太一《ますたいち》アナウンサーと話す機会があって、手話通訳なしでかなりの部分、会話ができたという。

そもそも安藤さんの母親が、「娘に絶対に言葉を覚えさせる。そうでなければこの先、生きていけないから」と必死になったのには、ほかにも理由があった。

安藤さんは聾《ろう》学校の幼稚部に通っていたが、時は昭和四〇年代の地方都市、偏見と無知からくる差別がひどかったからだ。

「病気が移るからあっちいけー」

そんな暴力的な言葉を日常的に投げつけられていただけではない。聾学校の敷地内で遊んでいると外からよく石を投げつけられたという。石を投げた中には子どもだけではなく、大人も数多くいたというのだから驚きだ。あまりのひどさに母が、履いていたハイヒールを脱ぎ捨て、石を投げた人を追いかけたこともあった。

そんな安藤さんには毎日学校に通いながら不思議で仕方がないことがあった。聾学校がある建物の窓が自分の家にあるような形ではなく極端に小さいものばかりだったことだ。

どうしてこんなに小さくて薄暗いのだろう。しかも窓には冷たい鉄格子がはめ込まれている。

「どうして」という疑問は、後にあっさり氷解する。もともとハンセン病の施設として使われていたものを払い下げられていたのだ。

母は地元に特有な、その辺の事情をよく理解していた。彼女があちこちかけずりまわって交渉したおかげで、安藤さんは月曜日は聾学校の幼稚部、火曜日は一般の幼稚園、水曜日は再び聾学校の幼稚部と交互に通うことになった。しかしその度に、それぞれの学校の制服に着替えて登校していたというからたいへんだ。

小学校に入学する際も「この子の将来のため」を思って母は力を尽くす。そのかいあって「何があっても学校はいっさい責任を取りません、そして問題があったときはすぐに聾学校に移ってもらいます」という条件付きで、一般の小学校への入学が認められたのだ。

幼い頃の安藤さんは一人で遊ぶことが多かった。友だちもいなかった。自分で絵を描いていれば幸せだった。それが耳が聞こえないことによるものなのか、生まれながらの性格によるものなのか。彼女自身は両方ではないかと分析している。

ただ、母親が手作りの絵カードを使って言葉を熱心に教えてくれたことが、絵に興味を持つきっかけになったことだけは間違いない。

ある日、母が、いつもぽつんと一人でいる彼女のもとに小さな犬を連れて帰って来た。話し相手になってほしいという願いを持っていたのだろう。マルチーズで名前は「マミー」。彼女が立ち上げたNPO法人MAMIE（マミー）の由来になっている。

すると自分の殻に閉じこもりがちだった安藤さんに大きな変化が生まれる。マミーが音がするものに走って向かうと、彼女も興味を持って後をついて行くようになったのだ。

マミーが台所まで走って行くので、安藤さんもついて行く。料理を用意している母親が驚いている。なんだろうとよく見ると、マミーがごみ袋の陰で動くゴキブリの「ごそごそ」という音に興味を示していたのだ。母親があたふたしている。

安藤さんが「どうしたの」と聞くと「ゴキブリ」と口が動いている。

「ゴキブリって何？」

安藤さんが目をキラキラさせて質問をする。するといく分落ち着きを取り戻した母が、うれしそうに身振り手振りで説明してくれた。

言葉は母に教えてもらい、音はマミーに教えてもらった。聞こえない音に興味を持つようになれたのは、マミーのおかげだった。

一人で遠くへ遊びに行ってしまうくせがあった安藤さんを呼びに向かったのも、マミーだった。母親が「みきー」と呼んでも、安藤さんには聞こえないのだ。

まさに聴導犬と同じような役割を、そのときのマミーが果たしていたことになる。音が聞こえるほかの家族と聞こえない自分とのつなぎ役をしてくれたのだ。

そんな安藤さんには、辛いことが多い幼少期に、ひとつだけ楽しい思い出があるという。ある日、外出しようとすると母親から「友愛」という文字が書かれたカードを首からぶら下げられた。それをかけていると電車もバスもタダで乗れるという。

「なくさないようにしなさいね」

「はあーい」

これさえあればどこへでも行ける。幼い彼女には、まるで漫画に出てくる魔法のカードのように思え、いつも大切に扱った。友愛という文字がとても愛おしく感じられた。

いつものように魔法のカードを首からぶら下げ、ちょっとした優越感に浸りながら電車に乗っていると知らないお婆ちゃんがやって来た。

安藤さんの頭を撫《な》でながら、盛んに何か言葉をかけている。その頃、だいぶ口の動きで言葉を読み取れるようになっていた彼女は口の動きを読み取った。

「かわいいね」

「かわいいね」

そう動いていた。「かわいい」の意味は知っていた。

帰宅した安藤さんが喜び勇んで報告すると、母親の表情がたちまち曇った。老婆は「かわいいね」といっていたのではなかった。「かわいそうね」といっていたのだ。「友愛」と書かれた魔法のカードは「障害者手帳」だったのだ。

それが、幼い頃の楽しい思い出というのだから、いかにたいへんな生活を送ってきたかの間接的な証拠であるともいえるだろう。

安藤さんはいつも大きな補聴器を胸にぶら下げて生活していた。音らしき音は聞こえるが、何の音かはわからないし、判別ができるわけでもない。

その頃に使用していたものと比べるとずい分と小さくはなったが、今でも補聴器はつけている。相変わらずざわざわとした音が聞こえているだけで、クラクションの音さえ区別がつかない。それでも長年の習慣なのか、つけていないと落ち着かないという。まったくの無音には恐怖に近いものを感じるのだ。

一人で黙々と絵や漫画を描くのが好きだった、耳が聞こえない少女は、中学校、高校と普通科に進み、一七歳のとき集英社主催の第一九回「りぼん新人漫画賞」努力賞を受賞した。

将来は漫画家になりたい。耳が聞こえないハンディだって克服できる。安藤さんの中に大きな期待と夢が広がった。しかし彼女は挫折を経験する。初めて会って打ち合わせをした編集者の原稿依頼が、「高校生のリアルな恋愛漫画を描いてほしい」というものだったからだ。耳が聞こえない彼女にリアルな恋愛漫画など望むべくもない。またしても「障がい」という大きな現実的な壁にぶちあたることになった。

しかし大人しかった少女は、そういった挫折を経ながら、徐々に自我が確立していった。「母の元から離れたい」と母の猛反対を押し切って東京の短大に進学する。カトリック系の学校ということもあって、進学後はシスターと共同生活を送るが、すぐに寮の禁を破って追い出されてしまう。母はカンカンになって怒ったが、遅れてきた反抗期だった安藤さんは無視をした。すると仕送りを止められた。それでも彼女はめげなかった。友人たちの家を転々とし、やがて友人の父親の紹介で得た洗い場のアルバイトなどで収入を得、アパートを借りてたくましく一人暮らしをはじめたのだ。

一九八九年、短大を卒業してOA機器の総合メーカーに就職。研修を終えた後、大阪配属になり、コンピューターのオペレーターを務める。

父が亡くなったため、いったん鹿児島に戻るが、母に怒られたため再び大阪に戻り、大手新聞社でキーパンチャーとして従事した。三年ほど勤務し、妊娠して、結婚。一人息子を授かる。子育てと主婦をしていたが、離婚を機に、住宅関連会社に再就職をした。そこで七年間働いた後、NPO法人MAMIEを立ち上げる。

それは冒頭で綴った趣旨で取り組みはじめたものだが、「もっと自分のペースで仕事をして、もっと息子と向き合いたい」と願ったことも理由のひとつだった。

住宅関連会社で働いていた頃は、仕事が忙しく、帰宅は毎夜遅い。一人、家で留守番をしていた息子がストレスからチック症を発症したのだ。たまたまそのときの上司が、障がいに理解があって、会社のホームページ制作を依頼してくれた。そのおかげですぐにMAMIEを軌道に乗せることができたことは不幸中の幸いだった。

安藤さんは生活での「音」を一人息子に頼ってきた。息子は息子で、母の手助けができることを誇りにしていた。タイマーが鳴れば、「お母さん、音が鳴っているよ」と優しく教え、チャイムが鳴れば、「お母さ～ん。誰か来たよ」と喜んで呼びに来た。

しかし息子が中学校に上がろうとする頃、問題が起きた。いわゆる思春期で、自分の部屋に引きこもるようになったのだ。

安藤さん自身、息子さんに頼りすぎていたなと反省していたところでもあったので、いい機会だと踏ん切りをつけた。

——息子には息子の人生があるし、私には私の人生がある。

その頃の安藤さんは生活に疲れ、いつもピリピリしていた。ワンルーム暮らしから部屋数が増えて、音がする範囲も広がっている。しかも息子が音を教えてくれない状況なので、ずっと音に気を張った生活をしなければいけない。洗濯をするときもわざわざ椅子を持って行って傍らで終わるまで待つ。物忘れが多くなり、洗濯していたことさえすぐに忘れてしまうからだ。そんな自分を変えたかった。

——もっと明るく、ノホホンと生きたい。

安藤さんは心から思った。

そんなさなか友人の結婚式でオーストラリアに行き、偶然、地元の聴導犬に会う機会があった。訪問したお宅には広い牧場があり、耳が聞こえないユーザーも聴導犬ものびのびと生活している。

――こんな感じで聴導犬と一緒に生活したら楽しいだろうな。

安藤さんはそんな思いを抱きながら、子どものときに飼っていた犬・マミーとの楽しかった生活を思い出していた。

――今の私には聴導犬が必要だ。聴導犬と一緒に暮らそう。

安藤さんはそう決心した。

日本へ戻って来ると早速、聴導犬のことを徹底的に調べ、いろいろな訓練施設の訓練士と面接を重ね、四人目で日本聴導犬推進協会の訓練士でもある水越みゆきさんに出会った。決して言葉数は多くはなかったが、「この人だ」と感じた。

「水越さんは犬のことを大事に考えていましたし、ほかの訓練士は何でもすぐに『大丈夫、大丈夫』といって甘やかすのに、それもなかった。私たちの自立のことを最優先に考えてくれている点が、ほかの訓練士と決定的に違っていました」

以前、聴導犬を渡す側である水越さんに、ユーザーに渡す際の流れを聞いたことがある。そのときはこんな説明をしてくれた。

「聴導犬が欲しい」という問い合わせがあるとまず最低限知っておいてほしい資料を送付して読んでもらう。実際の聴導犬との生活をイメージしてもらうためだ。

中には飼っているペットがちょっと音を知らせてくれるぐらいの軽い気持ちで申し込んでくる人もいる。

自分が住んでいるマンションではペット不可だが、聴導犬だと法律で一緒に暮らすことができるから聴導犬にして飼えばいいやという安易な発想の人や、訓練施設に足を運んで、その場で聴導犬をもらって帰れる、まさにペットショップ感覚の人もいる。

聴導犬と暮らすことはそんな軽いことではない。いい部分だけではなく悪い部分もある。持ち出しになる費用だって決して馬鹿にならない。そのあたりもていねいに説明して一緒に生活するための覚悟を持ってもらった。

私は水越さんにあえて聞いてみた。

「たとえば、どうしてもボーダーコリー犬じゃないと嫌という人はいないんですか？」

「そういう人は論外です」

それがまさにペット感覚で飼う人の発想になるというのだ。

「どうしてもボーダーコリーじゃないと嫌なんですといわれたら、聴導犬ではなくてボーダーコリーみたいなペットが欲しいだけですよねという話になってしまいますよね。だから、最初から犬種は選べません、その代わり今いる中からあなたのパートナーとして最善の犬をお渡ししますという話をさせてもらっています」

日本聴導犬推進協会では、ユーザーに手渡す際に何を重要視しているかというと、聴導犬を受け取ったユーザーが、きちんと社会参加をしてくれるかどうかという点だ。

聴導犬と一緒に社会に出て頑張りたいという意欲のある人に渡していかないと聴導犬の普及にもつながっていかない。聴導犬と一緒に暮らしはじめたはいいが、外出するときは家に置いていきますといわれたら、それまでの訓練はすべて無駄になってしまう。能力の高い犬たちを渡しているという自負があるので、社会参加を大前提に考えてもらうことにしていた。

「耳が聞こえない人が積極的に外に出て、聴導犬と一緒に生き生きと活動をしている。それを見てくれた人が自分にできることはないかと考える。ひいては社会が変わるきっかけになる。それが理想ですね」

そういう意味で、安藤さんは相当意識が高かった。その後の彼女の社会での活躍を考えると、ある意味、理想のユーザー像ともいえる。

二〇〇八年、水越さんは彼女と面接をした後、レオンという犬を渡すことに決めた。

レオンは雑種のオスだ。生後二ヵ月で保護センターから引き取った。

性格は日本犬系の雑種ということもあってか、とにかく真面目。一度決めたことは絶対守り抜くタイプだ。

今回、安藤さんへの取材では水越さんにも同席してもらったが、レオンを選んで渡すことにした経緯について次のように語ってくれた。

「レオンはとても真面目で、一方の安藤さんはどちらかといえば適当（笑）。レオンを安藤さんに渡そうと思ったのは、そんな安藤さんに、同じように適当な犬を渡すとどちらも適当になってしまう。社会に迷惑をかける恐れが出ることを危惧《きぐ》したのです。だから真面目なレオンを渡すことによって、安藤さんも影響を受けて真面目になってほしい。そんな期待を持っていました」

水越さんの説明を受けて、安藤さんが「適当」といわれたことを気にするでもなく明るく頷いている。

「その通り。真面目になったよ。私、真面目になったの」

翌年、その適当だった安藤さんと真面目なレオンとの初対面の日がやって来た。

レオンの第一印象は「かわいいな」というものだったが、それ以上に普通のワンちゃんとは違い、深く考えている犬だなという印象を強く受けたという。

子犬の頃のレオン

「こんなしっかりした犬が自分のところに来てくれてよかったと思う半面、私と一緒に暮らして大丈夫かなという不安はありました」

安藤さんのそんな予感は的中する。彼女の適当さにレオンはたびたびイライラさせられることになるのだ。

ある日、近くにゴミを捨てに行くだけだからとレオンに何も伝えずに玄関のドアを閉めて出かけてしまい、戻って来たらカンカンに怒っていたことがあったという。

レオンとしては、一緒についていってきちんと仕事をしようと思っていたのに、何の説明もなく目の前で安藤さんが玄関のドアをばたんと閉めたからだった。「ちょっとそれはないでしょう」とムッとしたのだ。

――レオンを置いていったときに、レオンが怒って仕事をしてくれないの。

大阪に住んでいる安藤さんは困ったことがあると埼玉県の水越さんにメールをするが、そのときもすぐにそんな内容のメールを送り、何度かやり取りをして解決をはかった。

それ以降も、安藤さんはことあるごとに水越さんに連絡をし、現在置かれた困った状況を説明し、相談をした。

――すぐにいたずらをするんだけど、どうしてかしら。

——最近、外へ出かけることを嫌がるようになったんだけど。

水越さんはその都度、ていねいにアドバイスを返した。たいていは安藤さんがきちんとレオンを見ていないことに原因があった。それでも彼女も彼女なりに学習をしていき、徐々に問題は減っていった。

「安藤さんって、どことなく内田に似ているんですよ」

水越さんがいう。内田さんとは6章で取り上げた訓練士だ。初回の取材のときに派手にコーヒーカップを割った、あのどこかとぼけた雰囲気がある女性だ。すると安藤さんが「そう、そう」と同意した。

「だから私も、内田さんと会うとイラッとするのね（笑）」

自分のことを見ているみたいなのだという。

「ホント、内田さんと会うと何だか知らないけどイラッとするのね（笑）」

安藤さんは繰り返した。そんな自由なことをいい合えるのは、訓練士とユーザーが信頼し合っている何よりの証拠だろう。レオンと一緒に暮らすようになって、まわりの人たちに「しっかりした」といわれるようになった。まさに「真面目なレオンに、どこか適当なところがある安藤さんを育ててもらいたい」という水越さんの狙い通りだ。

講演会のときの安藤さんとレオン

逆に安藤さんは、レオンのやさしさもたびたび感じた。特に彼女が病気になったときに顕著《けんちょ》で、体から出ているよくない雰囲気を敏感に察知するのだろう、「熱が高いから水を飲んだほうがいい」と身振りで勧めるのだ。

それどころか、レオンは安藤さんが病気になると自分もご飯を食べなくなるという。

「心配で心配でご飯ものどを通らない」というが、まさにその状況に陥ってしまうのだ。

安藤さんが落ち込んでいるときは決まって俯《うつむ》いている顔の近くをキッツキみたいにつついてきて悩むのを止《や》めろという。「わかった、わかった」と答えているうちにいつの間にか悩みが消えている。安藤さんは、レオンがこんなに人間の気持ちを理解できていることにたいへん驚いている。

スパルタ教育を施した安藤さんの母は健在で、鹿児島に住んでいる。最近は講演のため鹿児島に行くことも多くなり、以前より会う回数は増えたという。

「安藤さんが活躍されているのを見て、喜ばれているでしょう?」

私がそう質問を振ると「そうですね」と認めた上で、意外なことを口にした。

直接、会ったときに「聴導犬を貸与してもらうことになった」と話をすると安藤さんの母親は泣いて反対したのだそうだ。

「反対されたんですか？」

「そうなの。『みきちゃんは音が聞こえるのよ。耳が聞こえる旦那と息子もいるでしょう？どうして聴導犬が必要なの』って」

私はそれを聞いてショックを受けた。

――みきちゃんは音が聞こえるのよ。

その言葉が頭の中で何度もリフレインされる。

安藤さんの母親は、いったいどういうつもりでその言葉を発したのだろう。

話すことができるようになったのだから耳も聞こえるようになったのだと本当に思ってきたのか。現実を直視できずに、耳が聞こえるようになったと思い込ませようとしたのか。あるいは聞こえないことは理解しているけれども認めたくなかったのか。

いずれにしても、そんなものはつまらない見栄にすぎないと批判することは簡単だ。だが二人の長い格闘の時間を思えば、その批判は外野の無責任な意見といわざるをえない。

――みきちゃんは音が聞こえるのよ。

その言葉が切なく響いて仕方がなかった。部屋中に言葉のカードを貼ったり、夜中までつきっきりで発声の練習をしたり……。安藤さんから聞かされた幼い頃の教育を思い出したからだ。母親がいかに周囲の偏見と闘い、彼女のことを全力で守ってきたか。その末に、そう思い込ませるしかなかったとしたら、なんとやりきれないことだろう。

(それで、安藤さんはどう答えたんですか?)

そう質問をしたつもりだったが、言葉になっていなかったようだ。しかし私に気を遣うかのように言葉を継いでくれた。安藤さんは、そのとき四〇年間、母と二人三脚でやってきて、ずっといえずにいたことを初めて口にする。

「『お母さん、私は言葉を話せるようになっても音が聞こえないの』。私はそういいました」

「そうですか……」

そういうよりほかに言葉が見つからない。

――私は音が聞こえないの。

それは、二人の間でずっとタブーであり続けてきたことだった。

母が、可愛いわが子が差別を受けないように精一杯頑張ってきたのと同じように、娘である安藤さんも母の期待に応えようと、あたかも音が聞こえるように必死に努力し続けてきたのだ。同時に、母には感謝してもしきれないと思う一方で、障がいがある自分を認めてほしいという思いもずっと抱えてきた。

「レオンが来てよかったことは何ですか？」

私は話題を変えて、そんな質問をしてみた。

「明るくなったことですね」

安藤さんから、間髪をいれず答えがあった。人生で一番たいへんな時期に出会ったのがレオンで、誰よりも自分のことを明るく励ましてくれたのもまたレオンだったのだ。

レオンがやって来てからＮＰＯ法人の事務所にも講演会にも一緒に行くようになった。真面目なレオンはしっかり仕事をこなした。適当だった安藤さんはレオンに影響を受けてすっかり真面目になり、仕事でも評価を受けた。必然的に仕事の幅も広がり、全国各地をまわるようになった。


公私ともに充実した日々を過ごし、いつしか八年という年月が経った。レオンも歳を取った。犬は人間よりも早く老いを迎える。特に日本犬系統の犬ということもあって、歳を重ねる度にだんだん頑固《がんこ》になるところがあった。一度、ここは行きたくないと思うと二度と行かなくなる。お互い気を許した関係を築けているので、なおさらその傾向が強くなる。今までならまわりの音楽の音がそんなに気にならなかったのに、歳を取ってくると頭の中でガンガンとうるさく響くようになってくることが人間でも起きるのと同じことだ。

今から二年ほど前のことだ。安藤さんはレオンと一緒に講演に行って自宅に帰って来た。翌日もまた講演会が入っている。

翌朝、以前であれば、一晩寝たら、「はい、行くよ」という感じで気軽に出ていけたのが、レオンが「う〜ん……じゃあ行こうか」と渋々出かける感じになったのだ。

今後、活動を広げていくにあたって、現在のレオンの体力では限界がある。このままではうまくいかない。

安藤さんは、水越さんにレオンの引退のことを相談するようになった。

そんなある日、決定的なことが起きた。以前、風が強い日にスクリーンが倒れてきたことがあって、レオンはスクリーンに対して恐怖心を持っていた。一度覚えたことは決して忘れないことがレオンの長所だが、嫌な経験という意味でいえば、そのことがマイナスに働く。その会場に、自分のほうに倒れてきたものと同じスクリーンがあった。その日はスクリーンが倒れてきたわけではないのに、レオンはかつて植えつけられた恐怖心から嘔吐《おうと》してしまったのだ。その事件が、代替わりを決心させる大きなきっかけになった。

「レオンを引退させる。そう決断をしたとき寂しくはなかったですか？」

八年も一緒に働いてきた、良きパートナーについての別れを安藤さんに聞いてみた。当然、「寂しいですね」という答えが返ってくるものと思っていたが、違った。

「たとえ聴導犬を引退したとしても、その後も家では一緒にいるわけですから、寂しくはなかったですね。むしろ講演会に同行してもそのような状況でしたから、早く楽にさせてあげたいという思いのほうが強かったです。長生きしてほしいですからね」

代替わりとは、最初の聴導犬が年老いたり病気になったために引退をすることになり、別の若い聴導犬にバトンタッチすることだ。

引退した犬は、基本的にはそのままペットとして飼われることになる。レオンも引退した後は、安藤さんの家でペットとして余生《よせい》を送る予定になっていた。

ということは、次に新しく来る若い聴導犬と同居することになる。当然、レオンとの相性も考慮に入れて、次の犬選びに入る。

訓練士の水越さんが新しく選んだのは、「アーミ」というラブラドールレトリーバーのメスだった。レオンとアーミの性格は真逆。

水越さんいわく、片や真面目で片や適当。アーミは三歩歩いたら前のことは忘れるし、食べ物のことしか考えていない。

外で訓練中のアーミ

ただ仕事に関しては、やることはやる。問題があるとすれば、レオンだと場所がわかったら「ねえ。こっち」と直接連れて行くが、アーミは目だけで「はい。そこ」と教える。なまじ問題解決能力が高いだけに、はしょって伝えようとするのだ。

安藤さんは仕事柄、今後も泊まりがけで出かける機会が増えていくのは、間違いない。細かいことを気にする犬では、うまくいかない。少々の失敗をしても、数分後には「ま、いっか」と気持ちを切り替えられる犬のほうがいい。アーミは適当な性格だからこそ、どこに行っても問題はないはずだった。今の安藤さんは以前と違っていろいろなことに気を遣えるようになっているから、きっとこの犬で大丈夫と水越さんは判断した。

二〇一六年の春、安藤さんはレオンのときと同じようにアーミと初対面の日を迎えた。うまくやっていけるか、お互い緊張するのは当然だ。

「まるで昔の私を見ているみたいでした」

安藤さんは、アーミの第一印象をそのように表現した。水越さんの見立てとも、齟齬はない。もともとは似た者同士なのだ。

それから最初は月に一度、しばらくすると月に数度、一緒に訓練を行うようになる。以前と違うのは、そこに引き継ぎをしてくれるレオンがいることだ。

レオンに関していえば、毎日、事務所に連れて行っていたのを土曜日は休みにさせるなど徐々に仕事を減らしていった。安藤さんと水越さんの間で話をしている最中に「引退」という言葉を多く使うようにしていった。やがてレオン自身も「仕事の終わり」が近づいていることを肌身で理解できるようになった。

あとは新参者であるアーミとの相性だけだ。一緒に住まなければいけないので、レオンが許容できるかどうか。残念ながら、最初のお泊まりのときレオンはアーミをいっさい、見なかった。いないものとして振る舞っていた。しかし、訓練で一緒にいる機会が増えるごとに少しずつ距離が縮まっていった。そして一緒に生活するようになった後、レオンもアーミのことを受け入れた。

今はむしろ、おじちゃんであるレオンを小娘のアーミが手なずけた感さえある。それどころか家にいる男連中、安藤さんの旦那（内縁の夫）、それに息子さんみんなが「アーミ可愛いね」といって翻弄されているといった状況だ。

アーミは旦那さんや息子さんが帰って来たら、喜んで玄関まで出迎えに来てくれる。レオンのときにはなかったことで、二人ともすっかり彼女の魅力にまいっているのだ。

寝起きが悪い安藤さんを起こすときのアーミの起こし方も派手だ。三階の寝室で寝ている彼女を起こすときに控えめだったレオンと違い、馬乗りになって「起きろー、早く起きろー」と激しく揺さぶる。それでも安藤さんが起きないとアーミはなぜか二階に下りて行き、リビングに置いてある自分の遊び道具であるぬいぐるみを持って来るのだそうだ。

安藤さんが補足してくれた。

「おそらくアーミは『私が大事にしているぬいぐるみを貸してあげるから起きましょうよ』、そんな感じで、私の枕元まで持って来たのだと思います。ある日、ようやく目が覚めて、二階に下りようとしたら、階段のところに七個のぬいぐるみが段々になって置かれていたことがありました。『ほら、みきちゃん。これを貸してあげるから早く下まで下りて来なさいよ』、そんなことをするためのおとりの意味だったのだと思います」

安藤家でのアーミの様子を聞いているとまるで静かな余生を送っていた老後の夫婦の家にやんちゃな子がやって来たように思えた。安藤さんはいい意味で、レオンを含め家族みんなに新しい張り合いができたと感じている。

そんなアーミは、二〇一七年の秋に聴導犬の認定試験を受けるべく、水越さんと安藤さんと一緒になって訓練を続けている。

鼻に花びらをつけてくつろぐアーミ

もしアーミが無事に聴導犬試験に合格したら……。

安藤さんには夢がある。一緒に外国に行くことだ。

「レオンは真面目だったので、外国に連れて行くことなど考えたこともありませんでした。その点、アーミは気楽な性格なので、海外の補助犬の会議などに連れて行きたい。私もアーミと一緒にもっと見聞を広めて、日本の聴導犬普及に頑張りたいですね」

安藤さんは聴導犬を持つきっかけとなったオーストラリア旅行以来、一度も海外には出かけていない。もともと海外留学を考えていたくらい、異国への憧れは強い。彼女の夢は、これからも膨らむばかりだ。

しかしアーミが聴導犬に合格する日は、すなわちレオンの引退の日でもある。八年半もの長い間、連れ添ったレオンの役目が終わるのだ。

アーミが聴導犬に合格した瞬間から、安藤さんはレオンと一緒に喫茶店にも行けなくなる。一緒に電車にも乗れなくなる。聴導犬は一人のユーザーに一頭しか認められていないから、音を聞いて教えてくれる役目を担《にな》うのはアーミに代わってしまうからだ。

「寂しくなりませんか？」

私がそんな質問を向けると、安藤さんは答えた。

「複雑ですね。レオンが引退かという寂しさと、アーミが試験に合格したという喜びが同時にやって来るわけですからね。どういう気持ちになるかは、やはりその日が来てみないとわからないですね」

安藤さんがもっとも辛い時期を支えてくれ、救ってくれた犬なのだから寂しくないことはないだろう。ただ現実には、アーミが聴導犬の認定試験に受かるかどうかばかりが気になって、それどころではないというのが本音かもしれない。

本当の寂しさは、無事に合格できて、新しい聴導犬・アーミと一緒に講演会などに出かけるようになって徐々に襲ってくるものなのかもしれない。

そういえばレオンとよく一緒に電車に乗ったなあ。きちんと誘導してくれて偉かったなあ。喫茶店でお茶するときもずっと足元で大人しくしていてくれたなあ。もうレオンと仕事をすることもないんだなあ。

そうやって寂しさが安藤さんの胸にじわじわと押し寄せてくるものなのかもしれない。

「最後に」

私はそう断って、こんな質問をしてみた。

「レオンと一緒に暮らしていて、うれしくておいおい泣いたことってありますか?」

「うん。いっぱいあるね」

安藤さんは即答した。

「具体的にどんなものがありますか?」

私が聞くと、しばらく考えた後、前言を撤回した。

「まあ、泣くほどでもないんだけどね。ないね」

はっきりと返事をする安藤さんを見て、私は思わず笑ってしまった。


その日の取材の予定時刻が過ぎ、手話通訳者が「それでは私はこれで」と帰って行った。安藤さんはまだまだ話し足りないような顔をしていたし、私ももう少し話を聞きたかった。腰を浮かすような、浮かさないような、中途半端な姿勢で、それからまた一時間近く話をした。

酒のあてには何がいいとか、息子がちょっと太り過ぎているとか、いわゆる大阪のおばちゃんの話だ。取材を超えて楽しいひとときになった。

私は安藤さんの話にたびたび大笑いをしながら、鹿児島に住む彼女の母親の「すごさ」をあらためて感じていた。

8 孫のようなあみとサヨナラした老人

日中、三五度近くまで気温が上がった七月のある日のことだった。

私は東京の下町にある駅で電車を降り、駅前のロータリーに立った。真夏の太陽に照らされ、桜の木がアスファルトの地面にくっきりとした影を落としている。近くに荒川が流れているせいか、意外に風が強く、いく分涼しく感じられた。

地図によると、目的地には北口から真っ直ぐに伸びた道を一〇分ほど歩く必要がある。

私は一台しか停車していないタクシー乗り場の横で立ち止まり、スマホを取り出した。

すると、まるでその瞬間を待っていたかのようなタイミングで蝉が激しく鳴き出した。

少し遅れて、反対側の木からも大きな合唱がはじまる。

――やはりこの道で間違いないな。

私は蝉の声を耳にしながら、スマホから目を上げ、初めての道を歩きはじめる。数分ほど歩くと視界が開けて、青い空の真ん中に東京スカイスリーがあらわれた。完成したのは二〇一二年。だとすると、彼もこの景色を見ていることになるのだろうか。

道路を抜けると突然、スカイツリーがあらわれた

この街を取り囲むように小さな川が緩やかなS字を描いている。散歩コースとして綺麗に整備されているので犬を連れて歩くにも気持ちがいいだろう。場所からいっておそらくここらあたりまで散歩に来ていたはずだ。

私はそんなとりとめのない感想を抱きながら、立ち止まり再びスマホを取り出すとたちまち汗が噴き出てくる。

地図アプリでは、現在地から徒歩二分と表示されている。表示された目的地までの道順を頭に入れ、再び歩きはじめた。次のタバコ屋の角を右折すると目的地だ。

視線を前に向けると突然、建物の陰から人が飛び出して来た。小学生らしき髪の長い少女だ。彼女はすいすいと流れるようにこちらに向かって来る。速いはずで、足にはローラースケートを履いている。そういえば今朝のニュースが「今日から夏休みに入りました」と伝えていたことを思い出した。

私はスマホのアプリが指し示している場所で足を止めて、目の前にある四階建ての建物を見上げた。

——ああ、ここだ。

そこは、この章で紹介する唐澤忠さんがかつて住んでいた場所だった。

職業はお坊さん。いわゆる寺付きではなく、依頼があると現地に赴き、法要や法話などを行うのを主にしていた。若い頃はバリバリのビジネスマンだったが、四〇代のとき中耳炎を発症、悪化させ、突発性の難聴になってしまった。普通に働いていた人が、ある日、突然、聴覚を失うのだから、たいへんさは想像に難くない。もちろんそれまでと同じように働くことはできない。耳が聞こえない人に対する偏見が今以上に強かった時代でもある。本人いわく「デパートの掃除夫」として時給六五〇円で働くようになる。

「課長、部長、先生と呼ばれていい気になっていた生活から、ごみを拾い、汚物を始末する毎日。恥ずかしくて人の顔もまともに見ることもできず、俯《うつむ》いて下ばかり見ていました」

まさに「卑屈《ひくつ》のかたまり」と化していた彼にさらなる悲劇が襲う。三〇年連れ添った妻・多美子さんに先立たれてしまったのだ。子どもがいなかった唐澤さんは一人暮らしを余儀なくされる。電話の対応はおろか宅配便の受け取りさえままならない。

さすがにこのままでは生活が立ちいかなくなる。そう判断した唐澤さんは、聴導犬の申し込みをすることにしたが、そのときすでに六五歳を超えていた。

しかし、ここでも物事はそう簡単に運んではくれなかった。唐澤さんが申し込みをしたのは、身体障害者補助犬法が施行される以前の話で、聴導犬が公には認められていない。公団住宅に住んでいたので、飼うことができなかったのだ。当時のことを唐澤さんは、ある小冊子でこう述懐している。

二十年程前に聴導犬のことを知り、わずかな手掛かりを頼りにあちこち探し回り、やっと見つけました。でも公営の集合住宅に住む私には許可が下りず、福祉事務所や区の福祉課等々、何度もお願いしても駄目でした。ところが役所のロビーで「十月一日から補助犬法が施行」のポスターを見つけ（〇二年）、どうしたら「聴導犬」が手に入るかと東京、長野、埼玉と尋ね歩きようやく「あみ」と巡り合えました。

二〇〇二年に施行された身体障害者補助犬法が契機となってくれた。規則でペットが禁止されている公団住宅でも、聴導犬としてなら、その法律の施行によって飼うことができるようになったのだ。いくつかの訓練施設をあたって、訓練士の水越みゆきさんと出会い、一頭の聴導犬を貸与されることに決まった。

彼のもとにやって来た「あみ」は、放浪しているところを保護されて聴導犬になった犬だ。水越さんは最初の頃の唐澤さんとあみについて、次のような印象を持っている。

「お子さんもいない唐澤さんとあみの姿は、まるでおじいちゃんと孫のようでしたね。あみ自身ものんびりしている性格、悪くいえば、ボケッとしたところがある犬だったので、余計に馬が合ったのかもしれません」

公団住宅なので、そんなに広いスペースではなかったが、寝室とは別に唐澤さんが書き物をする六畳ほどの部屋があった。

そこには奥さんの遺影が飾られた仏壇があり、文机が置かれていた。窓際にあみ専用の日向ぼっこスペースがつくられ、あみは、書き物をしている彼の横でうつらうつらとすることが多かった。

あみはとにかく唐澤さんと一緒にいたがった。

元来、嫉妬心が強い犬だったが、唐澤さん自身が年配で、行動範囲がさして広いほうではなかったので、幸い嫉妬心が頭をもたげる機会もなく、いいパートナーであり続けることができたのだろう。

部屋の中でリラックスするあみ

唐澤さんが小さな文机で、毎日、せっせと書き物をして残されたものが、今、私の手元にある。『生老病死』と題された小冊子だ。文庫本サイズで、第四集まで出されている。市販されたものではなく、いわゆる自費出版の類いだが、文庫本サイズは珍しい。決して出しゃばらない彼の性格が、具体的な形としてあらわされたようにも見える。

第一集の発行日は二〇〇一年七月一二日。第二集の発行日が、〇二年の同じ七月一二日。第三集が〇三年一二月二三日で、第四集が二〇〇七年一月二三日だから一〇年前の発行になる。

内容は正にタイトル通り「生・老・病・死」についての個人的な思いを記したエッセイといった趣だ。特に「死」について関心が高いようで、正直に死への恐怖が綴られている。以下、記述に関しては、文意はそのままにして、一般的に読みやすく修正を施していることをあらかじめご了承いただきたい。

死にたくないナ　死ぬのが怖いナ
未知の世界に無限の闇の世に行くのは
やっぱり怖いナ

老いとともに信心は深まる　されど年をとればとるほど　死ぬのが怖くなる

そんな中で、特に印象的なのは、亡き妻に対する記述だろう。それを読むと彼にとって妻がいかに大きな存在だったかが、よくわかる。そして喪失感の深さも。親しくつきあいをしていた人が、妻の病床にお見舞いに行ったときのことをこんなふうに記している。


病床で動けずにいる妻に大切な知人がこう聞いたそうです。

「ご主人にいえないことや、どこか連絡したいことがあればいって」

すると妻は彼女に返事をしました。

「私たち夫婦にはなんの秘密もありませんから」

私は、それを後に聞き、いかに自分がくだらない人間だったかと後悔しました。


終わってしまったことは、どれだけ後悔しても取り戻すことができない。逆にいえば、よほどのことがない限り後悔しないことなどない。ましてや自分より早く逝《い》ってしまった相手なのだ。唐澤さんの妻の病気は重くて、長きにわたるものだった。

病状が重くなっていくにつれ、誰のいうことも素直に聞かなくなりました。お医者さん、看護師さんに向かって「人殺し。このままでは実験材料にされてしまう。誰か助けて」。精一杯の声を張り上げて助けを求めています。私が顔を見せると両手を上げて、それこそ幼児が母親にすがるような喜びの顔……。

「点滴、注射、薬、食事、排便……先生も看護師さんも多美子の病気を直すために一生懸命やってくれているんだよ。『ありがとう』といおうね」

妻は深く深く考えるような顔をしばらくしてから「わかった」というようになりました。今考えてみれば、必死になって集中力を高めて、そして夫である私に絶対の信頼をよせて「わかった」といっていたのでしょう。そのうち何もわからなくなっても、私のいうことだけは何の疑う気持ちもなく、私の手を握りながら「わかった」と……。

本当はもうわからないのに「わかった」という妻の顔に、安堵と安らぎの表情。菩薩の顔になっていたのです。そのときはわかりませんでしたが、今はよくわかります。

唐澤忠著の『生老病死』第一集は、たくさんの妻の思い出で詰まっている。

私たち夫婦は約束しました。「ありがとう」といえる感謝の気持ちで生活しようと。その妻が難病からがんを併発し二十数年の闘病生活の末、死の一週間ほど前からありがとうといえなくなりました。妻の耳のそばで「先生と看護師さんにありがとうといおうね」。数秒してから虚ろな目で、ひと言、ひと言ゆっくりと「あ・り・が・と・う」。

何だか先生や看護師さんに悪いような気がして思わず頭を下げました。

この「ありがとう」こそ、本当の無償の言葉、菩薩の言葉ではなかったろうか。親鸞聖人の浄土真宗のいう妙好人《みょうこうにん》の空念仏《からねんぶつ》と深くいただきました。

本当にありがとう。亡き妻に向かって私も「あ・り・が・と・う」。

三十年もの永い間、素晴らしい宝物を贈り続けてくれて本当にありがとう。お金や宝石で購《あがな》うことのできない喜びを与えてくれたあなたに心からお礼をいいます。

これからも私の命あるかぎりあなたとの思い出とともに歩み続けていきます。

本当にありがとう。

人生の晩秋に差し掛かった私たちにもまだまだ永い余生が続きます。人生には春や夏ばかりではなく、冬には冬の華がそれなりに美しく咲きます。冷たい冬の霜や風雪からあなたという掛替《かけがえ》のない華を守り続けていきたい、ただそれだけです。

唐澤さんにとっていかに妻の不在が大きかったか。聴導犬あみがやって来るまで、いかに孤独が深かったか。聴覚を失い、仕事を失い、そして妻を失い……。

恐ろしいほどの静寂の中で、彼は長い間、一人暮らしを続けてきた。

彼が著した『生老病死』第一集と第二集の発行日は、いずれも七月一二日になっている。ご自身の誕生日にでもあわせて発行したのだろうかと思っていたら、理由がわかる記述にあたった。

七月十一日の夕方、ふと食品入れを開けて見ました。三合ほどの糯米と小豆が少々ありました。何年前のものかな？　お赤飯でも炊いてみようか、そんなことを考えているうちにはっと思い出しました。明日十二日は亡き妻の誕生日であることを。すっかり忘れておりました、明日が誕生日ということを。

あれから毎朝夕のお勤めと毎月の命日のお経は欠かさずあげて来ましたが、誕生日には何もしてやりませんでした。久方振りにせめて仏前にお赤飯でも供え、誕生日の真似ごとをと小豆を茹でて糯米を水に浸しておきました。
仏教では生れた日より死せるときのほうを重く見ます。生は死とともに消えてしまいますが、お浄土に還った日はいつまでも何時までも残ります。だから供養をし、同時に私も供養を受けておりました。でも、誕生日も思い出してもらいたかったのかな……。はい、わかりました。これからは誕生日のお祝いもしましょうネ……。

唐澤さんの小冊子は妻への誕生日プレゼントでもあったのだ。後悔だらけの妻に対するせめてもの自分の想い。それでもどうして生きているうちにこれを渡すことができなかったかというまた新たな後悔に苛《さいな》まれてしまっていたのかもしれない。
そんな彼にようやく新しい同居人ができた。彼は聴導犬・あみとの出会いについてこう記している。

現在現役として活躍している聴導犬はたった十数頭ぐらいとのこと。日本人一千万に一頭、宝くじより確率の低いダイヤモンド犬……。

あみは人間の尺度から見たら単なる雑種犬、しかも捨て犬。千葉の某所をさ迷い歩き、あとは保健所で死を迎えるだけ、最低の犬生。だが天は隠れた才能を無駄にはしません。私も人間の雑種も雑種。何の取り柄もない、欲張りの、嘘つきの、見栄っぱりの怠け者。そして心の中は、嫉み、妬み、僻み心が充満している。

こんな一人と一匹が肩を寄せ合い、力一杯、報恩感謝の生活を……。如来の広大な慈悲のお導きか。あみの名は「友人、親友、恋人」かと思っていたら、なんと「南無阿弥陀仏」の名号からいただいたもの、浄土宗の青年部のご好意によるものとか。何よりの仏縁を結ばせていただきました。言葉に表せない喜びとともに……。


唐澤さんはあみと一緒に外出すると、ハガキやときには手紙を書いて送った。水越さんのもとにもよく絵手紙の類いが届いた。

『一緒に新幹線に乗りました』

『今、あみと一緒に○○温泉に来ています』

手紙で届くときは決まってあみと一緒に写った写真が同封されていたという。

唐澤さんと温泉に出かけたときのワンショット

それを見るたびに、前述したように水越さんとあみはまるでおじいちゃんと孫みたいだなという感想を持ったのだ。唐澤さんの、それまでの深い孤独を思えば、あみとの生活であらたな生きがいが見つかったことは想像に難くない。

縁あってあみと地方に出かける。そこで徒然《つれづれ》に感じたことをハガキにしたためる。都内にいるときは自宅の部屋で、あみがうつらうつらとしている横で思索にふけっては、思いのたけを、大学ノートにせっせと綴っていった。そこでいつも頭に浮かぶことは、やはりそう遠くない将来、必ず自分の身にも訪れることになる死についてだ。

唐澤さんは『生老病死』の中で繰り返し、死への恐怖について綴る。まるで自分自身に、「大丈夫、大丈夫」といい聞かせているようだ。

　そうなると一番恐れ嫌ったがんによる死が、今の私にとっては一番好ましい死のような気がします。比較的思考力も残り、何か月後に死を迎えるという予告も可能。人生の残務整理ができるからです。でも、いざとなったらオロオロするだろうな。怖いそして寂しいが、誰しも一度は通らねばならない人生の関門としたら、ビクビクしなさんな。死ぬのはたった一度だけですよ。

『生老病死』第一集の裏表紙は、こんな文章で締められてあった。


死に臨《のぞ》んでの大往生、とても弱虫の私にはできそうにありません。

死の恐怖に向かって、助けてくれえと絶叫するか。

また病気によっては断末魔《だんまつま》の苦しみの中に死んでいくかもしれません。

それもまた立派な死を迎える自然の摂理かもしれません。

絶対に逃れることのできない道なら見栄など張らず自分流で迎えたいものです。


言霊《ことだま》という言葉がある。よく自分で繰り返している言葉が現実になることがある。唐澤さんが書いた小冊子を読んでいるとまさに言霊が存在するのだという思いにかられる。自分の言葉通りといおうか、皮肉な巡り合わせといおうか、しばらくして彼は病院で、こう告知される。

——残念ながらがんです。

唐澤さんは、がんとつきあっていくことに決めた。

「入院もせずに運を天に任す感じに見えました」

水越さんは、当時の唐澤さんの印象をそのように語る。

もしエッセイの中の彼の言葉を信じれば「がん」で死ぬのが一番好ましいということになる。しかしそれは、あくまでもがんを告知される前の気持ちだ。

実際、自分がもっとも好ましいと考えていたがんを告知されてどうだったのか。「人生の残務整理ができる」とありがたがったのか。一方で、「でも、いざとなったらオロオロするだろうな」とも書いている。はたしてどちらの気持ちになったのか。あるいは両方の気持ちが交互に押し寄せてくることになったのか。余計なことを書くとその通りになってしまうから直接的なことを書くのはよそうと唐澤さんが思ったのかどうか定かではないが、がんを告知された後のエッセイに、彼の思いを読むことはできない。

がんになっても、聴導犬の世話はしなければいけない。聴導犬を持つということは、世話をしてもらうと同時に世話をすることも意味する。特に聴導犬は一般のペット犬と違い、公共の施設に出かける機会が多い。常に身だしなみに気をつけておかないと、社会に迷惑をかけることになる。聴導犬と書かれたケープを体にまとっているのも、まわりに存在を知らしめる意味だけでなく、できるだけ毛が抜けるのを少なくする狙いもある。

そのため、家では定期的にシャンプーをして常に清潔に保っておかなければいけない。それは、ユーザーのもっとも大切な義務でもある。もちろんずっとフォローをしていく訓練施設担当者の責任でもある。

唐澤さんは高齢ということもあって、あみへのシャンプーが得意ではなかった。あみが嫌がるし、あみをなだめすかしてやる技術も少し弱い。ただそれ以外の面では、きちんとあみの気持ちも理解し、うまくやってくれている。水越さんが、その点だけはフォローをするようにした。

月に一度、あらかじめ連絡をして訪問する。

唐澤さんもあみも、月に一度の水越さんの訪問を心待ちにしていた。穏やかな二人の日常に、突如訪れる、晴れの日のイメージだったのだろう。唐澤さんがそわそわすることによって、あみも水越さんがやって来ることを知って、そわそわした。

「水越先生が来るのがあみにもわかるんですね」

「そうみたいですね」

そんな会話を何度となくしたという。

幸い唐澤さんのがんの進行は早くはなかった。

あみが同居するようになった唐澤さんには、心の張りも生まれた。

——この生活が永遠に続いたらいいな。

そう夢想することもあったかもしれない。しかし何事にも永遠はない。

唐澤さんの体をがん細胞が徐々に蝕んでいった。ご飯をあげる。トイレをさせる。散歩に連れて行く。音を教えてくれたらきちんと褒めてあげる……。

唐澤さんは、そんなユーザーと聴導犬の間での、最低限必要なことを行うことさえしんどくなっていった。自分の体の痛みがひどくなり、気もまわらなくなっていたのだ。

そんなある日、水越さんのもとに唐澤さんから一通のハガキが届いた。

『拝啓　お元気でいらっしゃいますか？　小生、最近、体調があまりすぐれません。申し訳ないのですが、いったんあみを預かっていただけないでしょうか？　敬白』

「頑張って病気を治して、必ずまたあみと一緒に暮らします」

唐澤さんは、あみを渡すときにそう約束をした。しかし一時的にせよ、あれほど楽しそうにずっと一緒にいたあみと離れて暮らすことは相当辛い決断だったはずだ。

何しろ唐澤さんは、暑さに弱いあみのために人生で初めてエアコンを部屋に取りつけたくらいなのだ。そのときのことを『生老病死』第三集でこう記している。

とうとう禁を破ってエアコンをいれました。夏暑く、冬寒いのは自然の摂理、今までは扇風機やこたつでしのいできました。都会の空気の汚れのひどさで、戸や窓も開けられない集合住宅の茹《うだ》るような暑さ。でも慣れてしまえば、人類が数万年繰り返してきた当たり前の四季への讃歌とやせ我慢。

でも、暑さに弱い「あみ」のことを思うとそうもいっておられなくなりました。ただ素直に頑張っているあみの姿を見て、ご褒美《ほうび》(水越先生が教えてくれました。お利口にしたときはご褒美)を。そこで少しでもあみが楽になればとご褒美を。

お浄土に還った亡き妻は何というかな。自分のときにはいれてくれなくて、暑さ寒さの中に我慢を強いた恨みをいうだろうか。それともあみを友としての生活に微笑んでいるかな。わかりません。いずれお浄土にて、聞いてみます。

人生の晩年の、そして後悔だらけの妻との生活の償《つぐな》いでもするかのように、すべての愛情をかけていたあみと、ついに離れ離れの生活になってしまうのだ。だからこそ次のような覚悟が、彼の中に生まれたのかもしれない。同じ第三集から。


誰が見ても文句のない貧乏暮らし。

たったひとつの財産は、借金のないことだけか。

そんな私の養子になってくれる奇特な人があらわれました。

天のお恵みか、私への慈悲か。その人の名前は聴導犬あみです。

私のためにそれこそ「滅私奉公」裏表なく誠心誠意尽くしてくれる。こんな私を頼りきって安心している姿を見ると、私が死んだら誰が可愛がり、面倒を見てくれるのか。

ひとり残された「あみ」のことを考えると不憫《ふびん》で不憫でたまりません。

私なりに考えました。「あみ」を養子にすることです。

財産と呼ぶほどのものは何もなくても結構ガラクタはあります。全部処分すればそれ相応の金額になるでしょう。養子である「あみ」が相続し、可愛がってくれる良き人のところにいけば、細やかな幸せが。こんなことが今の私にできる精一杯の愛情です。

少しでも「あみ」への遺産を増やすため頑張ろう、そして節約しよう。

また生きがいが一つ増えました。私を慈しみ育ててくれた大自然の恩恵、過去現在、無数に近い多くの人々の尊いお力を借りて、今日まで生かされてきたわたしの命。

犬に姿を変えた如来の教えとありがたくいただきました。この仏の慈悲に甘えず、できるかぎりの報恩生活をと心新たに……。

公団住宅では、規則でペットを飼うことはできない。あみが聴導犬を引退したらペットを飼うことができる家に引っ越しをするしか一緒に暮らす方法はない。かといって先立つものもない。現実的には、最後まであみと一緒に暮らすことはできないのだ。

そんな葛藤もあったはずだ。だからせめてあみの体力が許す限りは聴導犬として一緒にいたいという思いがあった。しかし、あみの体力が尽きる前に自分の体力のほうが尽きてしまった。水越さんは、あみを引き取りに行ったときのことを鮮明に覚えている。

「あみは泣いていました。唐澤さんのところから私が連れて行くときも、『なんで一緒に来ないの？』みたいな感じでした」

なんとかまた元気になって、あみと一緒に暮らす。

それが、唐澤さんの本当の新しい生きがいになったのだろうか。もしかしたら……。

——もしかしたらこれが最後になるかもしれない。

「もう一度、絶対一緒に暮らします」と口にする一方で、唐澤さんもあみもそして水越さんもそう思っていたはずだ。なぜなら目の前の唐澤さんはすっかり痩《や》せてしまい、動くことさえやっとという状態だったからだ。だが、それでも唐澤さんは、最後の力を振り絞るようにしっかりと水越さんにいった。

「先生。必ずよくなって、もう一度、あみと一緒に暮らします」


しかし、その願いが叶うことはなかった。

唐澤さんが自宅である団地の一室で亡くなっているのが、死後、一ヵ月経ってから発見されたのだ。いわゆる孤独死だ。宅配されたものが外に置きっぱなしになったままなのを近所の人が不審に思い、連絡をして見つかったという。


『あみは元気ですか』

『その後、あみは変わりありませんか』

『あみとまた一緒に暮らすことを夢見ています』

あみを引き取ってからも、唐澤さんからたびたびあみの近況を訊ねるハガキが届いたという。おそらく筆を握るにもたいへんな状態だったと想像される。

『あみは元気ですよ』

『あみは変わりありません』

『あみとまた一緒に暮らせるよう頑張ってください』

水越さんはそういう返事を書いた。

ちょうど水越さんの仕事が忙しく、手紙でのやり取りをしない時期があった。

——そういえば唐澤さん、お元気かしら。

水越さんが、唐澤さんのことを思い出したときに「唐澤さんが亡くなりました」と連絡が入ったのだ。

「最後に会わせてあげられなかったことに悔いが残ります。せめて一度だけでもいいから、あみを連れて行けばよかった」

水越さんがそう後悔を口にしたが、仕方がないことだと思う。むしろ唐澤さんは、あみを水越さんに手渡したときにすべてを無に戻した心境だったのではなかったか。

あみは、しばらく日本聴導犬推進協会にいた後、とある聴導犬に理解がある協会関係者の家に引き取られ穏やかな余生を過ごした。唐澤さんの希望通り幸せな余生を送れたのだ。唐澤さんは、奥さんにしてやれなかった後悔をあみに託そうとしたのではなかったのか。だからこそあみが亡くなった後のことまできちんと面倒をみて、自分の生を閉じたのだ。あれだけ怖くて仕方がなかった死を乗り越えて。

『生老病死』第四集に「私が死んでも」と名づけられたエッセイがある。そこにはこう綴られている。

私が死んでも
どなたにも連絡いたしません
もちろんお葬式もやりません
今の住所も自然消滅します

ご用の方は
今のうちにどうぞ
死んでから儀礼的に
拝んでいただいても
何だか変てこな気がしますので……

現実は、最後の最後まで、唐澤さんが書いたエッセイ通りになってしまった。

私は小冊子の巻末に記された住所を頼りに、唐澤さんが住んでいた番地に辿り着いた。公団住宅の郵便受けの部屋番号を示した数字の下には、まったく知らない人の名前が書かれていた。ベランダには白い数枚のTシャツが、暑い夏の風に吹かれて、パタパタと音をさせて揺れていた。

私は、彼らが住んだ気配さえすでに消えてなくなった団地のベランダをぼんやり眺めながら、生前、一度もお目にかかったことがなかった唐澤さんに語りかけていた。

唐澤さんとあみが散歩に出かけた土手

唐澤さん。

あなたがかつてあみと一緒に暮らしていた部屋には別な人が住んでいました。あなたが最後のエッセイに書かれていたように、あなたとあみがそこで暮らした痕跡は、自然消滅していました。

唐澤さん。

でも、これでよかったんですよね。


しばらく行くと荒川の土手に出た。

おそらく唐澤さんは生前、暇を見てはここにあみと散歩に来ていたのだろう。

その同じ場所で、今日は少年たちが大きな声を出し合い、楽しそうにサッカーに興じていた。

9

鳥の鳴き声を教えてくれたあみのすけ

マンションのエントランスで、あらかじめ教えられていた部屋番号を押す。しばらくするとインターホン越しに返事があり、解錠される音がした。建物に入り、エレベーターの前まで来ると再びボタンを押した。

向かう先は、1章で紹介した聴導犬「あみのすけ」のユーザー東彩さんの自宅だ。あみのすけはアニマルコミュニケーションを受けた際、セラピストの質問に対して「ぼくの耳は大きいの」といったエピソードを持つ犬だ。

訓練士の水越みゆきさんからひと通り話は聞いていて、いったいどんな犬だろうと興味は持っていたが、実際に会ったことはなかった。もし挨拶をするなら「お噂はかねがね」といった感じになるのかもしれない。

目の高さに設置されたエレベーターの行き先を示す数字が「4」「3」「2」と徐々に小さくなる。先ほどエントランスで部屋番号を押したとき、東さんの返事があるまでしばらく間《ま》があった。その間《ま》のことを考えた。

――私が押したインターホンの音が東さんの部屋で鳴る。それを聞いたあみのすけが、東さんのところへ行き、「インターホンが鳴っているよ」と教え、インターホンに出る。たった今、インターホンの向こうで行われただろう、聴導犬とユーザーの一連のやり取りを想像しながら、一階に到着したエレベーターに乗り込む。

部屋の前まで来ると、再びインターホンを押し、緊張した面持ちで扉が開くのを待つ。ガチャリと音がして、中から東さんが顔をのぞかせた。

「こんにちはー」

「お世話になります。今日はよろしくお願いします」

簡単な挨拶を済ませるとリビングへと案内されたが、私はどこか拍子抜けした思いで、廊下を歩いていた。今まで室内犬を飼っている家にお邪魔すると決まって吠えられたのに、それがない。予想に反して静かで、さっきから犬が廊下を動く爪の音しかしていない。

かつて取材した先々で、「聴導犬は、まず吠えません」と何度も教えられてきたのに、条件反射というのは恐ろしい。もちろんたまたま、あみのすけが不在だったわけではなく、部屋にはいた。しかし、ちょっとだけ顔を出すとすぐに奥へ引っ込んでしまった。まるで照れ屋の中学生が、「あっ、どうも」と挨拶だけして自分の部屋に戻る、そんな感じだ。

東さんの耳が聞こえないのがわかったのは、三歳のときだ。すぐに毎週月曜日に言葉を取得するための「聞こえの教室」に通いはじめた。そこで「集中力もあるので、普通学校に通っても大丈夫です」と判断され、聾《ろう》学校ではなく一般の小学校に進むことになる。

実際には、母親が地域の学校に繰り返しお願いして、やっと受け入れてもらえたのではないかと東さんはいう。言葉を取得するのに時間が必要だったため、同じ年齢の子どもたちよりも一年遅れての入学となった。

授業では、先生の顔と口を見て聞くことになるが、前から二列目の席が定位置だった。

「二列目ですか？」

「一番前だと先生だけしか見えないけど、二列目だとほかの生徒たちの様子も見えるので、いろいろなことに都合がよかったんです。テストのときも二列目だとまわりの人の動きをチェックできるので『あっ、はじまった』ってわかります」

勉強は好きで、家に帰ると三歳上の姉の教科書を興味を持って読んでいたりした。中学校のときに病気がちだったのと親戚に医者が多かったこともあって、ごく自然に薬剤師の仕事を目指すようになった。

「高校も近くの普通高校に通っていまし……」

――ピッピッ、ピッピッ。ピッピッ、ピッピッ。

東さんが順を追って話をはじめようとした矢先、突然、台所のほうからタイマーの音が鳴りはじめた。するとなぜかあみのすけが一瞬、戸惑った表情をした。

東さんのところに行こうか行くまいか、躊躇した後、アイコンタクトを取ったあみのすけは東さんのところへ歩いて行き、前足で肩をトントンと叩く。

「なーに？　あみのすけ」

東さんが声をかけると、ようやく安心したように台所に連れて行く。食器乾燥機の乾燥が終わったことを知らせるタイマーの音だった。

――あの一瞬の躊躇はなんだったのだろう。

音を教えることを忘れたのではないかと思ったが、そうではなかった。

私のような来客がいないと、何の迷いもなく、鳴っている「音」を教えに行く。でも、今回は私が一緒にいた。あみのすけは、私が音が聞こえていることを理解している。だから音が鳴っても、わざわざ自分が教える必要がないのではないか、そんな迷いが一瞬の躊躇として動作にあらわれたのだという。

「そうなんですか。かしこいですね」

私が褒めると、東さんは軽く肩をすくめた。再び目の前に座った東さんは、どこまでしゃべったかしらという表情を浮かべた後、続きを話しはじめた。

「……それで大学に進学するときに初めて親元を離れて暮らすことになりました」

関西で生まれ、地元の普通科高校を卒業した東さんは、神戸にある大学の理系学部に進学した。学生寮に入ったが、寮の仲間や学校の友人たちと部屋で話に花を咲かせたり、一緒に料理をつくったり、仲良くお風呂に行ったりと学生生活を満喫《まんきつ》した。

大学を卒業後、最初の就職先は九州にある製薬会社だった。そこで初めて、アパートで一人暮らしをはじめる。経度の違いもあって、本州に比べて、九州の朝、特に冬場は七時を過ぎてもまだ外は暗くて、暗いうちに起きるのは辛かった。またそんな朝、きちんと起きられるか、いつも不安だったという。

バイブレーションつきの目覚まし時計をセットして寝るのはいいが、その振動がどうにも気持ち悪い。今と違い、一種類の振動しかなく、気に入らないからといってほかの振動に変える手段もなかった。東さんには、目が覚めるかしらという心配の上に、気持ちよく起きられないというストレスが加わった。

それでも初めての社会人生活を東さんはそれなりに楽しむことができていた。

ある夜のことだった。住んでいたアパートに隣接する家が火事になったのだ。

耳が聞こえない人にとって、火事は極めて恐ろしいもののひとつといっていい。消防車がけたたましいサイレンの音を鳴らしてアパートのある場所に近づいてくる。普通ならそれだけで驚いて、何事かと外へ飛び出してしまう状況だろう。

実際、静かな住宅街での出来事に、あたりは騒然となった。近所の人たちが起きて来て、総出で消火作業も行った。

(ドンドンドン)

「中に誰かいますか！」

隣のアパートの一室に住んでいた東さんの部屋が、たびたびノックされたが、東さんはまったく気づくことなく、炎が燃え盛る家の隣で、ぐっすりと寝たまま一夜を明かしたのだ。

「どうしよう。遅刻しちゃうわ。早く行かなきゃ」

翌朝、あわててアパートを出ると昨日まであった隣の家がなくなっていた。そこには、黒こげになった痕跡があるだけだ。

――火事でも起きたのかしら。

ぼんやりと思いながら出社すると、同僚たちがあわてて彼女のもとに駆け寄って来た。

異口同音に「大丈夫だったの？」と心配されたのだ。耳が聞こえない怖さを実感した瞬間でもあった。

その後、結婚した東さんは、しばらく大阪市内で暮らしていたが、夫の転勤から埼玉県に引っ越すことになった。大阪に住んでいたときは環境分析の仕事をしていたが、埼玉県に引っ越してからは接客業に変わった。自分のペースで仕事ができにくくなり、疲れたまま家に戻って来るため、宅配便を受け取り損ねるなど、生活面でいろいろと支障をきたすことが多くなった。

――このままでは神経がすり減ってダメになってしまう。

東さんはそう思い、聴導犬と暮らしたいという希望を持つようになった。

幼い頃に飼っていたこともあって、犬そのものには慣れていた。聴導犬の存在を初めて知ったのは、仕事をはじめる前、まだ学生時代の頃だ。

「どういう印象だったんですか？」

私は、聴導犬に抱いたイメージについて聞いてみた。

「聴導犬と一緒に暮らせたらいいなとは思いましたが、私の場合、補聴器をつけると少しは聞こえるので、もっと聞こえない人のために必要なんだと漠然と思っていました」

自分より他人を優先させる東さんのやさしさが、日々の疲労を招いたのかもしれない。いずれにしても聴導犬と一緒に暮らしたいという思いが叶い、東さんのもとに聴導犬あみのすけがやって来た。

「あみのすけが来たときのことをお聞かせいただけますか？」

私が質問をするとあみのすけが東さんのそばにやって来て、そっと右の前足で彼女の肩に触れた。音が鳴っていることを知らせる仕草だ。通常はそれから音が鳴っている場所へ連れて行くことになるが、今、音は鳴っていない。

——えっ、今度は音が鳴っていないのにどうしたのだろう。

たまにはミスをするのかと思っていると、東さんが呆れたように私にいった。

「かまって、かまってなんです」

なるほどそういうことか。決してうるさくして迷惑をかけるわけではない。ただ静かに「ねえ、ねえ。まだ終わらないの。ちょっとだけぼくとも話をしようよ」とそんな感じなのだ。かしこい上にかわいらしい。

東さんの家にあみのすけがやって来たのは二〇〇七年のことだ。

「来たときと今では印象は変わりましたか？」

「外見的なことだけでいうと、最初はあまり可愛くなかったですね。今と違って目が細くて、それがだんだん大きくなっていった。それに……」

「それに？」

「当初は、水越さんにしか目がいかないという感じでした」

そのことは取材を重ねてきた今なら容易に想像できた。聴導犬の訓練士として、犬からの信頼が非常にあつい水越さん。いくら彼女が突き放したとしても犬のほうが放っておかないのだろう。

繰り返し述べてきたが、聴導犬になる犬は、まず訓練施設で、ある程度の訓練を行った後、耳が聞こえないユーザーと面通しが行われる。いわゆる初対面になる。それからは一緒に訓練を行っていく。

最初は月に一度の訓練からはじまり、月に数度と頻度が増し、一緒に暮らす。そしてある程度、目処《めど》がついた時点で、聴導犬の認定試験を犬とユーザーと一緒になって受ける。

それが一連の流れだ。

「水越さんにしか目がいっていなかった」のは、初対面の頃の話になる。ただ東さんにとっても初めての聴導犬だったということもあり、「こんなものか」と思うだけで不安みたいなものはなかった。子どもの頃飼っていた犬が、クールな性格の柴犬で、散歩に連れて行くなど彼女なりに可愛がったが、リアクションが薄かったことが影響しているのかもしれない。いずれにしても、あみのすけは東さんに対して本当に少しずつ心を開いていったという。

「水越さんばかりを見ていることに対して、嫉妬のような感覚はなかったのですか？」

「嫉妬を覚えるほど、あみのすけとの関係も築けていなかったですし、何より水越さんはあみのすけのお母さんなので、そういう意識にはならなかったですね。それに水越さんは、犬の気持ちをよく知っていて、私は足元にも及ばないという意識もありましたから」

たしかに水越さんはあみのすけにとって育ての親、つまり一般的にいうと訓練士は犬にとって母親といってもいい存在だ。

大きな愛情を持ってしつけ、育てられる。だからこそユーザーのもとへ渡った後も強い信頼関係で結ばれ、しばらくぶりに会ってもほかの人間とはまったく違った親愛の情を示すのだ。

かつて水越さんに「犬をユーザーに渡すときどんな気持ちになるのですか」と聞くと、「嫁に出す母親の気持ちでしょうか」と答えてくれたことがある。ある意味、訓練士とユーザーは同じ意識になるのだろう。聴導犬試験合格へ向けた訓練が進んだ。面会回数が増え、一緒に住むようになり、試験当日を迎えた。

互いの信頼関係がそれほど強固なものでもなかったため、きちんと動いてくれるか東さんは心配した。あみのすけも緊張していたのだろう、待っていなければいけない場面でついて来てしまうといったことがいくつかあったが、何とか合格。あみのすけは晴れて聴導犬として東さんと一緒に暮らすことになった。

それ以降、聴導犬を求める直接の動機になった宅配便などの来客に関して東さんは間違いなく楽になったと実感している。

「ただ、あみのすけが本当にうちに来たなと思えたのは、試験に合格して四ヵ月が経った頃、一緒に歩いていて後ろから来た自転車がぶつかりそうになったとき助けてくれたことがあってからです。もしあみのすけがいなかったら確実に大怪我を負っていた、そのくらいの猛スピードでした。心の底から『ありがとう』と感謝しました。そのときやっとあみのすけとファミリーになれたなという実感が持てました」

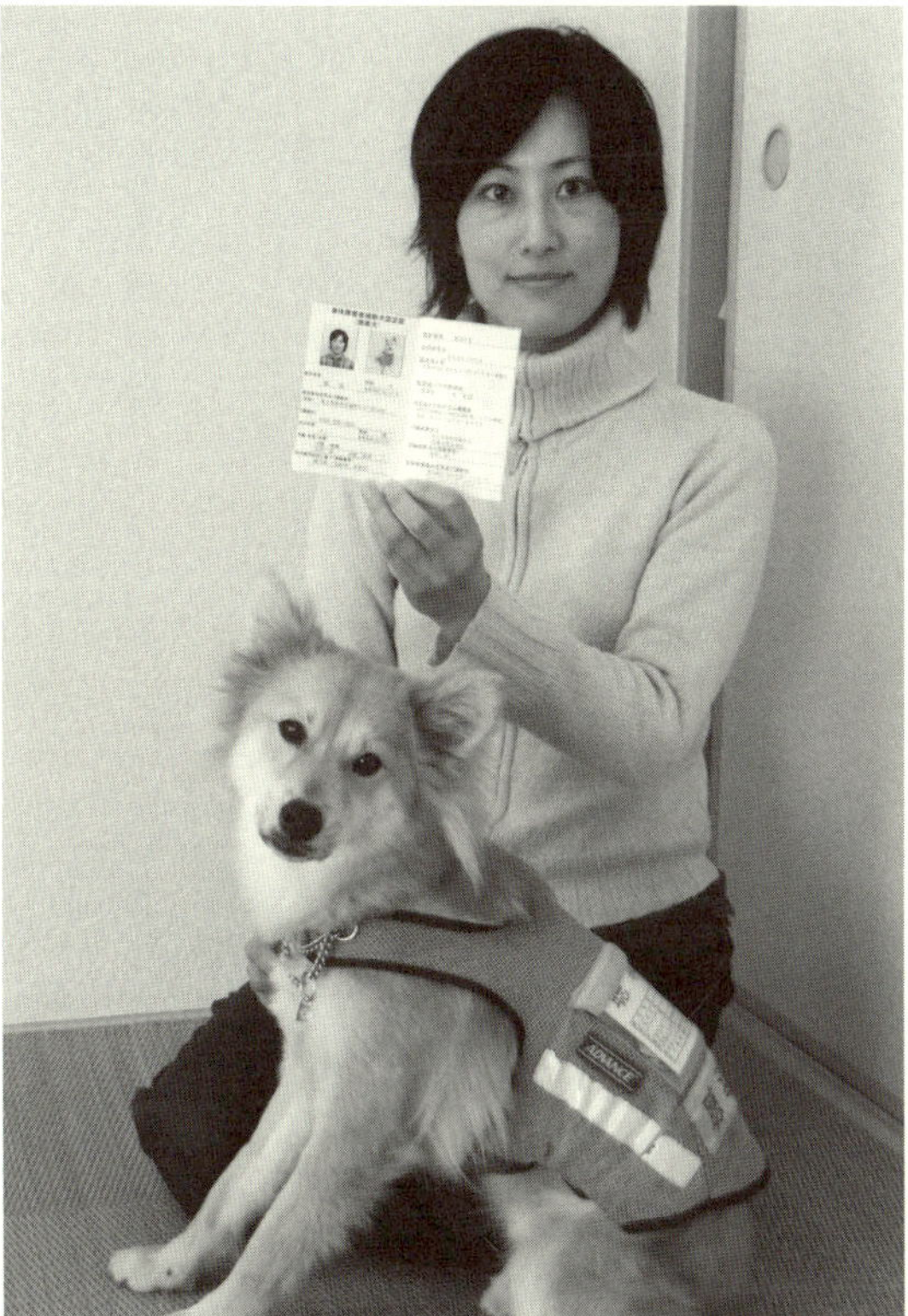

聴導犬認定証を手にした東さんとあみのすけ

その一件があって以来、あみのすけと東さんはどんどん仲良くなった。あみのすけにとって東さんはかけがえのないパートナーだったし、東さんにとってもあみのすけはかけがえのないパートナーであった。

日々、幸せな日々が過ぎていった頃、東さんは妊娠する。あみのすけがやって来て六年目のことだった。

あみのすけが来た当初は、夫婦二人とあみのすけとで、ずっと仲良く暮らしていくと思っていたので、どうなるかなという一抹の不安はあった。だが六年も信頼し合って暮らしてきたのだから大丈夫。あみのすけを世話してきたことで自然と育児の練習もできているはず。とにかくやってみようと東さんは思った。

しかし、きちんと築き上げてきていたはずの信頼関係は赤ちゃんが生まれたことにより、あっさり崩れてしまう。それまでずっとあみのすけにばかり向いていた東さんの意識が、赤ん坊に向いてしまったことが大きな原因だった。

あみのすけが、戸惑いというか、寂しさを覚えたのだ。その件については、間に入って関係修復に奔走してきた水越さんから直接、聞いた。

ところが、そのときは話に出なかったあみのすけが戸惑ったもうひとつの理由を今回、東さんから聞かされた。あみのすけは自分のことに関心を払わない東さんにストレスを覚えるのと同じくらい、仕事上での戸惑いも感じていたのだ。

「あみのすけが私に赤ん坊の泣き声を教えても、全然泣き止《や》まないので戸惑ったんです」

私は「あっ」といった後、一瞬、固まってしまった。

「たしかにそうですね。聴導犬は音が鳴ったら教える。ユーザーが鳴っている音を止《と》めて『ありがとう』と褒める。そこまでが仕事ですけど、赤ちゃんの場合、『泣いているよ』と教えたからといって泣き止むとも限らないですものね」

「そうなんです。娘は赤ん坊の頃、とにかくよく泣き続けていましたから」

「あみのすけも戸惑いますよね。六年間誇りにさえ思っていた仕事を否定された気になったとしてもおかしくない」

「どうして音（泣き声）が止まないのって、不満を持っていましたね」

たしかにそれは、あみのすけにとって大きなストレス要因になったことだろう。育児ノイローゼになる人もいるくらい、赤ん坊は四六時中泣いている。東さんにとっても、直接的に赤ん坊の泣き声は聞こえないとはいえ、ずっと娘の泣き止まない悲しそうな顔を見るのは忍びないことだったはずだ。しかも、うまくあやすことができないのだ。

「新しい声」に戸惑っていた頃のあみのすけ

「そのうち、娘が泣いても知らせなくなってしまったのです」

今まで三人で暮らしていたところに見知らぬ赤ん坊がいる。音を教えてあげても少しも鳴り止まない（泣き止まない）。自分だけを見てくれていた東さんが赤ん坊のほうばかり意識がいって、かまってくれない。

あみのすけにとってすべてが初めての経験だった。逆にストレスにならないのがおかしいくらいの状況だ。幸い、「母親」である水越さんが、二人の間に入って仲を取り持ってくれ、何とか関係修復をはかることができた。

大きな危機を乗り越えたパートナーの絆は、より強くなる。それからあみのすけは夫婦喧嘩の仲裁に入ったりするくらいの深い絆で東さんと結ばれることになった。

前述したように、一年後、あみのすけは縁があってアニマルコミュニケーションを受けた。アニマルコミュニケーションとは、動物の気持ちを読み取れるというセラピストに、犬と対話をしてもらい、犬の気持ちを引き出してもらう行為のことをいう。

当然、そんな非科学的なという批判もある。ただ、ここで重要なことは、前述したように、それが事実かどうかではなく、訓練士やユーザーが、犬のどの〝言葉〟に関心を示したかだと私は考えている。

水越さんは、あみのすけの「ぼくの耳は、大きいの」という言葉に興味を示した。ある意味、訓練士らしい反応だ。そのときの感想を東さんにも聞いてみた。すると、おもしろいもので彼女はまったく違うあみのすけの〝言葉〟をあげた。

「アニマルコミュニケーションのことは覚えていますか？」

「ええ。あみのすけが『ぼくがいる場所がここ』っていってくれたことが、とてもうれしくて」

――ぼくがいる場所がここ。

あみのすけにいわれて、もっともうれしかった言葉。逆にいえば、あみのすけに、ここを自宅と思ってほしいと無意識に願っていたことを意味するのかもしれない。

すると東さんは唐突《とうとつ》にこんな言葉を口にした。

「あみのすけは誰にでも慣れるいい性格だから、どこへ行ったとしても新しい家庭で生活できるなあとは思います」

ふつう「どこへ行ったとしても」という発想はない。よく聞くと水越さんから「あみのすけは人懐っこい性格だから誰とでも暮らしていける」と聞かされていたことに影響を受けたようだが、それにしてもその不安はまるで「うちの子が迷子になったらどうしよう」

と起きてもいないことを心配する母親のようだ。

　そして東さんはさらにこうつけ加えた。

「あみのすけと一緒に頑張って訓練を受けて、ここまで一緒に暮らしてきたので、あみのすけをほかの人に渡したくはないです」

　実際、東さんは補助犬のユーザーから「きちんとできないなら犬を戻して」といわれたという噂を聞いたことがあったのだ。また水越さんにも訓練時にこう念を押されていた。

「聴導犬はペット化しやすいので、ユーザーがきちんと犬と向き合って、その点、気をつけてくださいね」

　だから「私がちゃんとしないといけない」と不安だった。

　東さんは、まるで自分にいい聞かせるようにこんなセリフを口にした。

「だから、返してくださいといわれないように、あみのすけと一生懸命コミュニケーションを取るように心がけています」

　しかし、一度だって返せといわれてもいないのに、返されないように頑張るという東さんの気持ちは、まるで子どもが初めて犬を飼うときのように純粋だ。

　――そこまで思われるあみのすけは幸せだな。

私は相変わらず、仕切りがない隣の和室で寝そべって、音がするほうに微かに耳だけを反応させているあみのすけを見ながら思った。

「あみのすけの愛情を感じますか？」

それは、あみのすけに対する東さんの深い愛情を感じて、思わず口をついて出た質問だった。東さんはしばらく黙っていたが、やがて静かに口を開いた。

「そうですね。たしかに感じないこともないですね」

もっと明確な答えを期待していたので、若干拍子抜けした感じがしないでもない。だが冷静に考えると、たとえば「親に対して愛情を感じますか」と突然、聞かれて、「それはもうすごく」とペラペラと喋《しゃべ》る人はいない。普通は照れて、「そうですね」というくらいが関の山なのだと思い直す。

「あみのすけが来て変わったことはありますか？」

私は気になった質問を思い浮かぶままに重ねてみた。

「転ばなくなりましたね」

「転ばなくなった？」

「いつも友人と歩いていると、すぐ途中でこけてしまうんですよ」

どこに出かけるのもあみのすけと一緒

一般的に耳が聞こえない人は三半規管がうまく働かず体のバランスを取りにくくて、転びやすいのだという。聴覚障がいのことに関してはけっこう調べているつもりだったが、知らないことがまだたくさんある。もっと知らなければいけないことが残っているのだと再認識した。

いずれにしてもあみのすけがいつも横にいて音を教えてくれるという安心感が、東さんを落ち着かせ、転んだり、躓《つまず》いたりしなくなったのだから、すごいことだ。

二〇一〇年、東さんは補助犬のPRのために中国を訪れた。上海万博で日本の聴導犬事情を伝えるのが、渡航した主な目的だ。デモンストレーションが開かれた会場では、いろいろな人が興味を持ってくれた。ちなみにそのとき中国に聴導犬はいなかった（翌年、中国初の聴導犬育成団体「北京養犬協会」が設立された）。参加者のほぼ全員が初めての経験だったので、質問も数多く出た。中国語ができなかったが、その代わり手話がある。意外に通じたし、ある程度の筆談も可能だった。東さんにとってはいい経験となった。

それだけでなく、東さんは、「聴導犬のユーザー」として数多くの取材を受けている。出演したDVDを見せてもらったことがある。NHK教育テレビから民放の夜のニュース番組にはじまって、別な局の朝のニュース番組あるいはバラエティー番組などなど実に多岐にわたっている。

——少しでも多くの人に聴導犬の存在を知ってほしい。

その思いから、取材に関しては極力引き受けるようにしているのだという。実際、聴導犬の認知度アップに大きな役割を果たしているといっても間違いない。実に気さくだし、ときにユーモアを交えて語ってくれる。ただ紙面やテレビの場合、文字数や時間が限られているので、おのずとどれも似たような切り口になってしまうきらいは否《いな》めない。

「まだまだです。もっともっと聴導犬のことを知ってもらいたい。飲食店などに入店拒否をされることも今でもたまにありますし」

たとえば病院ではファックスで対応をしてくれるところは少ない。「電話ではだめなんですか」と不思議がられるという。聴覚障がい者に対する意識の低さを感じる瞬間だ。

「けれど自分が頑張ることによって、耳が聞こえない人が今後、そういう苦労をしないようになればいいなと思っています。盲導犬も、かつて先人がそういう苦労を買って出たおかげで、今の認知度につながっていったと思うので、自分にできる範囲でやっていきたいと思っています」

「ユーザーを代表して引っ張っていってほしいですね」

私がそういうと、すかさず答えが返ってきた。

「そんな偉いものではなくて、開拓していく感じです。全国にいる人たちが、それぞれができる範囲で開拓していければいいなと思っています」

東さんは埼玉県に引っ越してきてから薬剤師をしていて、いったん離職、現在は就職活動中だったが、取材の後、「無事に薬局に就職が決まりました」と連絡があった。五〇社以上に応募して、「聴覚障がい者でもコミュニケーションを工夫すればきちんと仕事はできます」とアピールし、熱意が伝わったという。この取材のときは、現実の厳しさを聞いていたので、いい報せを聞いてうれしくなった。

「こういうアプリ、ご存じですか？」

東さんがスマホを取り出して見せてくれた。そこにあったのは「ＵＤトーク」というアプリだった。音声認識システムで「こんにちは」と画面に向かって話をすると「こんにちは」と文字が表示される。私は、試しに画面に向かって話をしてみた。

「初めに伺いたいのは、あなたの経歴です」

するとほぼ同時に画面に表示された。

――初めに伺いたいのは、あなたの経歴です。

イメージしていたよりもずっと反応がいいし、正確だ。このアプリを使えば、手話通訳者がいなくても、質問事項が画面に表記される。残念ながら聴覚障がい者の口話を文字化するレベルにはいっていないが、それでも大きな進化だし、相当便利なツールであることは間違いない。多くの聴覚障がい者が利用していて、「聴者との橋渡しになるね」と喜んでいる。

それでもすべての人に知られているわけではない。聴覚障がい者には、どうしても情報が入りにくい。東さんが、この手の、最新といってもいいアプリの存在を知って、使いこなしているのも、聴導犬とともに積極的に社会参加をし情報が入ってくるおかげだ。

水越さんたちが「聴導犬を持つことによって積極的に社会参加をしてほしい」というのは、つまりはこういうことなのだ。

「このアプリは無料版だと三分でいったん止まってしまうので、途中でボタンを押して継続する必要があります。ただ有料版に切り替えれば長時間の講演やインタビューも文字化してくれるんです」

長々と話をしていたので、しばらく休憩を取ることになった。

「ちょっとお茶をいれ替えてきますね」

東さんが立ち上がって台所へ向かう。私も、その間、足を崩して、早速ダウンロードをしてみた先ほどの音声認識アプリに向かって「こんにちは」とか「今日は蒸し暑いですね」と吹き込んだりしていた。台所から戻って来た東さんが耐熱ガラスに入った麦茶を目の前にあるコップに注いでくれる。

「ありがとうございます。いただきます」

新しくいれてもらった冷たい麦茶をひと口、ひと口、味わうように口にする。体にゆっくりと染みわたっていく。水分を補給したせいか、先ほどよりも空気も和らいだ。

「あみのすけは今、一一歳ですけど、二代目の聴導犬とかは考えないんですか？」

私は雑談の続きのような感じで聞いた。一一歳を超えたあみのすけは、毛の抜け代わりが遅くなったし、動きも遅くなった。寝ている時間も長くなった。以前までは娘さんを保育園に見送りに行くのに、玄関に元気よく出てくる日もあれば、廊下にちょっと顔を出しただけで「今日は留守番するね」ということもあるようになった。老化は確実に進んでいるのだ。

「はい。考えてます」

「具体的には？」

東さんが無言で首を横に振りながら、寝そべっているあみのすけにチラッと視線を送る。あみのすけが寝たままの姿勢で、まるで「やあ、まだ話は終わらないの」とでもいう感じで、尻尾をくるんと振った。かわいい仕草だ。すると東さんの目にみるみる涙が溜まってきた。

「引退すると思うと寂しいです」

そういうと我慢ができなくなったのか、東さんの目から涙が落ちた。

「外出するときも、仕事に行くときも、二四時間どこへ行くにもずっとずっと一緒でしたから……」

最初にあみのすけと住んでいたアパートは、ペット禁止だったという。聴導犬あみのすけであれば、法律があるのでそこに住める。しかし引退したらペットになるので、住めなくなる。東さんはあみのすけの老後のために、ペット可である今のマンションを購入して、引っ越したのだという。それほど東さんの生活はあみのすけを中心にまわっているのだ。

「ずっと一緒にいたいですね」

東さんの涙は止まらない。まだ引退すると決まったわけではないのに、すでに引退したときのことを考えて悲しくなっているのだろう。

「私は二代目よりも、あみのすけに聞こえない音を教えてもらいたい」

私は静かに頷く。東さんは続けた。

「私が聞こえない音は、ずーっとあみのすけに教えてもらいたいですね。ずーっと」

東さんの涙が止まるのを待って、私は最後の質問をした。

「最後にひとつだけ。あみのすけが来てくれて、一番うれしかったことは何ですか？」

私がそう聞くと、こんな答えが返ってきた。

「私が今まで気づくことがなかった音を教えてくれたことです」

「気づけなかった音？」

「鳥が鳴いていることを教えてくれたのです」

一緒に外を歩いているときに後ろから車が来たら、あみのすけが振り返る。東さんもその方向を振り返って車が来ていることを知る。

ある日、一緒に散歩をしているとあみのすけが空を見上げた。視界の先に見えた木の上には一羽の鳥が止まっていて、微かに尻尾を震わせている。

——ああ、鳥が鳴いているのね。

東さんは、教えてくれたあみのすけに「ありがとう」と伝えた。

鳥のさえずりのほうを一緒に眺める東さんとあみのすけ

それは、今まで誰も教えてくれなかったことだった。

後ろから車が来るから注意しなさい。事が起きたらすぐに知らせるからね。

みんなが教えてくれる音は、いつも身のまわりの危険を知らせる音ばかりだった。

まわりが悪いわけではない。むしろ当然のことだ。耳が聞こえない東さんが危ない目に遭わないように、みんな必死になってサポートしてきたのだ。

聴導犬の仕事は、目覚まし時計の音を教えることです、インターホンの音を教えることです、耳が聞こえない人の生活を支える大切な仕事をしています。どの本を読んでも同じことが書かれている。もちろんそれが聴導犬の大切な仕事なのはいうまでもない。

しかし東さんの答えは、〝その先〟の聴導犬の大切な仕事を教えてくれていた。

普段歩いている道には危ない音だけがあるのではないことを。鳥が鳴いているし、風の音もある。遠くに見える花火は、パンパンパンと音をさせている。この世界には、素敵な音もたくさん存在しているということをあみのすけはさりげなく東さんに教えたのだ。

「世界が広がりました」

東さんの答えに胸が熱くなる。あみのすけは、「生活に必要な音」を知らせるために振り向いて教える。聴導犬になって東さんと心を十分に通わせられるようになったある日、あみのすけは東さんに「生活に必要な音」を教えた。それが「鳥の鳴き声」だったのだ。

――聴導犬とユーザーは良きパートナーです。

一年近くにわたる取材の間、いろいろな場所でその言葉を聞いた。私はその度にまるでオウム返しのように「そうですね」と答えてきた。しかしたった今、私は本当の意味で、「聴導犬とユーザーが良きパートナーである」ことを知ったのだと思った。

取材を終えた私は、一人で駅までの道を歩いていた。途中、深い森があった。足を延ばし、小さな道を折れ、森の中に入って行く。舗装が途切れ、うっそうとした木々が道の左右を取り囲んでいる。

――ここかもしれないな。

そう思って見上げると小さな鳥がさえずっていた。

おそらく東さんとあみのすけは散歩のたびにここで足を止め、しばらく鳥のさえずりを感じていたのだろう。そして森の深い匂いを吸って深呼吸をしたはずだ。生きている幸せを実感しながら。

おわりに

二〇〇一年のことだった。私は取材で、犬のカリスマ訓練士としてテレビに度々登場している藤井聡さんが専務取締役を務めるオールドッグセンターを訪れていた。

出版社で書籍編集の仕事をしていた私は、応接スペースで賢い犬のしつけ方に関する話を聞いた後、競技会に出るシェパードの訓練風景を見るため訓練場所へ移動した。

小学校の運動場くらいの広さがある訓練場所に、凛々しい姿をしたシェパードが何十頭も並ぶ姿は圧巻だった。障がい物を乗り越えたり、匂いがついたハンカチを嗅ぎ同じものを探したり、犯人に見立てた腕に大きな藁を巻いた人をめがけて走ったり……。

私はその迫力に圧倒されながら、藤井さんから「訓練犬」に関する説明を受けた。いかに訓練士と訓練犬との信頼関係が重要かという点に大いに納得したのは当然だが、それ以上に、迫力のあるシェパードの姿に純粋に「格好いいな」という感想が浮かんだ。

小一時間ほど時間が経過しただろうか、ひと通り取材を終えた後だった。

「よかったら聴導犬の訓練風景もご覧になりませんか？」

藤井さんがそんな提案をしてくれたのだ。

「聴導犬ですか？」

おそらくそのときの私は、「聴導犬」という名前だけは見聞きしていたが、具体的にどんなことを行う犬なのか、まったく情報を持ちあわせてはいなかった。「チョウドウケン」という響きに、漠然と勇ましい犬の姿を想像していたように思う。

「ええ。ぜひ、ぜひ」

私は仕事柄、せっかくの機会だからと即答した。

「それじゃあ、行きましょうか」

藤井さんが案内役を買ってでて、長い廊下を先に歩いて行く。オールドッグセンターには何度かお邪魔していたが、その廊下を通るのは初めてだった。つい今しがたシェパードたちが飛び跳ねていたような場所が、聴導犬用としても別にあるのだろう。未だ見たことがない聴導犬の姿を想像しながら後をついて歩いたが、いつまで経っても「第二の運動場」には到着しない。そのうち藤井さんは建物内にある階段を上りはじめた。

——いったいどこに行くのだろう。

そういぶかしがったとき藤井さんの歩みが止まった。

「ここです」

（えっ、ここですか？）

言葉にこそ出さないが、頭の中には疑問符がいっぱい点滅していたはずだ。藤井さんが足を止めたのは、学生が暮らしているような六畳ほどの一部屋だったからだ。

「○○君。ちょっと見せてあげて」

藤井さんは部屋の中にいたスタッフらしい男性に声をかけた。彼は私に軽く会釈をして、ガスレンジにやかんを置いた。それからベッドの横に大人しく座っていた小さな犬を呼ぶ。

ここからは今回の取材で何度も見学した一般的な「聴導犬の訓練風景」だった。

二〇〇二年に身体障害者補助犬法が施行される一年前のことだ。

私は、このときの聴導犬の訓練風景を鮮明に覚えている。案内された部屋は、まるでそこだけ掃除機で音を吸い取られたかのように静かだった。

——静謐《せいひつ》な世界。

それまでずっとホイッスルの音が響き渡る中、シェパードが活発に動きまわる姿を見ていた直後だったということもあり、余計にそんな印象を持ったのかもしれない。静かな部屋で、小さな犬と大人しそうな訓練士の男性が向かい合っている。やかんの音に反応した犬が、訓練士を呼びに行く風景は、私の脳裏の奥になぜか深く刻み込まれた。それ以降、直接的に聴導犬と接する機会はなかったにもかかわらず、あの部屋のしんとした光景だけは、度々、思い出すことがあった。

その後、目が見えない人を助ける盲導犬の知名度は一気に広がったが、残念ながら耳が聞こえない人を助ける聴導犬の知名度はなかなか広がっていくことはなかった。

そんな頃、私は「はじめに」で書いたように、後ろから来たハイブリッドカーにぶつかりそうになり、「聴導犬についてもっともっと世間に知らせたい」という思いに駆られ、藤井さんに連絡を取ったのだ。取材をすすめていくうちに、私の中で、静謐なだけだった聴導犬のイメージがどんどん動きはじめた。その思いが、読者のみなさまにいくらかでも伝わることを願って、結びにかえたい。

本書は藤井聡さんとのおつきあいがなかったら成立しなかった。一五年にわたるおつきあいで、犬に関する様々なことを教えていただいた。それがあったからこそ犬の深い魅力を知ることができたし、聴導犬に興味を持つことができた。あらためて感謝申し上げます。

日本の聴導犬の父でもある藤井多嘉史さん。取材に辛抱強くおつきあいいただいた日本聴導犬推進協会の水越みゆきさん、秋葉圭太郎さん、内田敦子さん、スタッフのみなさん、ありがとうございました。また安藤美紀さん、東彩さんに感謝申し上げます。そしてあみのすけ、レオン、アーミ、ジロー、子どものときに飼っていたコロ、ありがとう。

最後になりましたが、すてきなカバーデザインを手がけていただいた長谷川理さん。私の企画の趣旨に賛同いただき、最後までずっと一緒に伴走していただいたプレジデント社書籍編集部の岡本秀一さんにもあらためて感謝申し上げます。

よろしければ、これを機会にいろいろな場所で、「聴導犬」の話題をしていただければ、うれしく思います。そして最後までお読みいただき本当にありがとうございました。

二〇一七年九月吉日

野中圭一郎

野中圭一郎（のなか　けいいちろう）

熊本県生まれ。東北大学文学部卒業後、大手洋酒メーカーに入社。広報部で、PR誌などを担当した後、出版社へ。書籍編集部で、恋愛や人生エッセイ、タレント本やテレビとの連動企画など数多くの話題作を手掛けた後、独立。現在に至る。

聴導犬《ちょうどうけん》のなみだ

2017年11月3日　第1刷発行

著　者――野中圭一郎《のなかけいいちろう》

発行者――長坂嘉昭

発行所――株式会社プレジデント社
〒102-8641　東京都千代田区平河町2-16-1
http://www.president.co.jp/
電話　編集 (03)3237-3732
販売 (03)3237-3731

装　幀――長谷川 理

写　真――（カバー）©Kazuo Honzawa/MottoPet/amanaimages、（p1）©artlist、（p8、p137、p144）©Yoshihisa Fujita/MottoPet/amanaimages、（p183、p209）著者、その他の写真は日本聴導犬推進協会提供

編　集――岡本秀一

制　作――関 結香

販　売――桂木栄一　高橋 徹　川井田美景
森田 巌　遠藤真知子　末吉秀樹

印刷・製本――図書印刷株式会社

 ISBN 978-4-8334-2251-2
Printed in Japan
落丁・乱丁本はおとりかえいたします。